仕事ごっこ
その"あたりまえ"、いまどき必要ですか？

沢渡あまね

SHIGOTO
GOKKO

技術評論社

免責

　本書に記載された内容は、情報の提供のみを目的としています。したがって、本書を用いた運用は、必ずお客様自身の責任と判断によっておこなってください。これらの情報の運用の結果について、技術評論社および著者はいかなる責任も負いません。

　本書記載の情報は、刊行時のものを掲載していますので、ご利用時には変更されている場合もあります。

　以上の注意事項をご承諾いただいたうえで、本書をご利用願います。これらの注意事項をお読みいただかずに、お問い合わせいただいても、技術評論社および著者は対処しかねます。あらかじめ、ご承知おきください。

商標、登録商標について

本文中に記載されている製品の名称は、一般に関係各社の商標または登録商標です。なお、本文中では ™、® などのマークを省略しています。

はじめに

むかしむかし、あるところに小さな王国がありました。かつてはさかえていたものの、最近ではいきおいがおとろえ、思うようにかせぎをあげられなくなってきました。

ある時、王様は「はたらきかたかいかく」をめいじました。
「いままでのはたらきかたをよくしてほしい。みんなに、いきいきしてほしい」と思ったのです。
またある時は「いのべーしょん」をかかげ、国の民にはっぱをかけます。

ところが、民たちはいっこうにかわろうとしません。それもそのはず。

「だって、そんなことしたってボクたちトクしないし」
「仕事がへるわけじゃないし」
「まっぴらごめんだね。むしろ、よけいな仕事がふえそうだもの」

こうして、いままでのやりかたを続けました。あるものは、せっき時代とかわらない仕事のやりかたを、またあるものは貴族のお作法そのままに、ゆっくりのんびり仕事をしています。
やがて、いしきの高いわかものや、やる気のあるものは、海のむこうにいってしまいました。
いったい、この国はどうなってしまうのでしょうか。

「がーっふぁっふぁっふぁ」

海のむこうの国から、高らかなわらいごえが聞こえてきました。

私たちは「仕事ごっこ」にまみれている！

「働き方改革」「イノベーション」「生産性向上」

　ある日突然、上から降ってきたこれらのマネジメントキーワード。政府の仰せのまま？　あるいはどこぞの外資系コンサルタントに言われるがまま？
　背景はよくわからないものの、とにかく何か考えて、経営層に提案しなければならないらしい。あなたはさっそく、次のような段取りをします。

　とりあえず、社内の関係者を集めて、情報共有のための会議をしよう。

　まずは、そのための説明資料を作らなければ。

　相当な人数になりそうなので、外部の貸し会議室を借りないといけない。

　そのための稟議を回覧しないと。

　まずは課長のハンコをもらわなくては。

　おっと、貸し会議室の提供会社から見積もりをもらわないといけない。

　3社から相見積もりをとって、最安値のところから見積もり原本を取り寄せなければ……。

　ざっと、1ヶ月……ちょっと待った！

- そもそも、その会議をする必要ありますか？
- キレイな説明資料、必要ですか？　しょせん社内なのに？
- その会議、対面でする必要ありますか？
- わざわざ、稟議を回すのですか？　会議室を借りるだけで？
- ハンコじゃないとダメな理由は？　サインや電子で済ませられるのでは？
- 相見積もりにかける時間とコストが無駄では？　取引先にタダ働きさせるよね？

・紙の原本、本当に必要ですか？

このような、ビジネスの場においてあたりまえとされているけれども、ムダに私たちの足をひっぱる慣習——それが「仕事ごっこ」です。

> **仕事ごっこ**
> ・生まれた当初は合理性があったものの、時代や環境や価値観の変化、および技術の進化にともない、生産性やモチベーションの足をひっぱる厄介者と化した仕事や慣習。
> ・コラボレーション、ひいてはその組織とそこで働く人の健全な成長を邪魔をする形骸化した仕事や慣習。あるいは、仕事のための仕事。

「仕事ごっこ」は迅速なコラボレーションを阻害する

これからの時代、自社単独あるいは自部署だけで問題解決をしたり、新たなビジネスを生むのは難しくなりつつあります。少子高齢化による労働力不足で、社外の力も借りなくてはなりません。コラボレーション、すなわち他との協業こそが組織力の源泉。

・社外（取引先、お客さん、地域社会、海外など）と。
・社内の部署間で。
・会社を越えた、同業他社の人たちと。
・自社でともに働く候補者（新卒、中途採用、派遣社員など）と。

これらのパートナーとコラボレーションを迅速にできるかどうか？　それが組織の命運を決めます。

あなたたちが「仕事ごっこ」で苦戦している間、競合他社はとっと意思決定し、とっとと決裁しているかもしれません。その結果、よきパートナーとささっとつながり、いちはやく成果を出すことができます。

さて、あなたは意思決定や行動のスピードが速い相手と遅い相手、どちらを信頼できますか？　どちらといっしょにお仕事したいですか？

こうして、どんどん成長機会が奪われていく

　もう1つ質問です。あなたの（あるいはあなたが所属する組織の）本業は、資料を作ることですか？　会議に参加することですか？

・その時間、お客さんのところに行って（あるいはリモートでつないで）、企画を進めるのに使ったほうがいいのでは？
・その時間、自己研鑽や研究に費やしたほうがいいのでは？
・その集中力、ほかのことに使ったほうがいいのでは？
・そのコスト、外注費用に回して業務改善を進めたほうがいいのでは？
・そのぶん、早く帰って休んだほうがいいのでは？
・そのぶん、有給休暇が取得できるのでは？

　「ごっこ化」した資料作成や会議。いずれも個人と組織の成長機会をやさしく奪っていきます。いつの間にか時代遅れに。

　時代遅れになった組織はどうなるか？

　コラボレーションしてくれる相手がいなくなります。顧客、取引先、協業先、従業員、株主・投資家……あなたの組織からじわりじわりと遠ざかっていきます。

　当然ですよね。成長欲求の強い人（組織）ほど、スピード感があり正しく成長できる組織と（で）仕事をしたい。形骸化した「ごっこ遊び」にまみれている組織は、コラボレーションを遠ざけるのです。

　さらに、そこでぬくぬくと育った人の人材価値もどんどん下がります。人生100年時代。60歳で現役引退して、スローライフを送れる時代は過去のものとなりつつあります。「仕事ごっこ」しかできない人が、定年後に雇用延長してもらえるでしょうか？　あるいは、故郷に帰って再就職できるでしょうか？　「仕事ごっこ」は、組織の生産性と価値のみならず、個人の"Employability"（雇用されうる能力）をも下げかねないのです。

仕事は生きもの、だからこそ
アップデートが必要

　仕事は生きものです。生まれた当初は意味があった。しかし、時代の変化、法制度の変化、テクノロジーの変化、働く人たちやお客さんの価値観の変化……さまざまな変化の中で、やがて陳腐化し、時代遅れになります。そうして、いつの間にか私たちの足をひっぱる厄介者になってしまっているのです。

　仕事は生きもの。だからこそ、いったん立ち止まり、正しくアップデート（最新化）していかなければなりません。

　本書では、私たちの日常に潜む「仕事ごっこ」を、「ものがたり」と「解説」の2パートで成敗していきます。私たちの職場の常識、みんなで笑い飛ばしながらアップデートしていきましょう！

　すべては、迅速なコラボレーションと未来の私たちの成長のために。

はじめに　　3

私たちは「仕事ごっこ」にまみれている!

「仕事ごっこ」は迅速なコラボレーションを阻害する

こうして、どんどん成長機会が奪われていく

仕事は生きもの、だからこそアップデートが必要

第1話
白ヤギさんと黒ヤギさん
〜紙の書類のムダ、印刷〜押印〜郵送のムダ
13

トラップだらけ!　紙の作業は悪気なく私たちの邪魔をする

「それ、電子で代替できない?」

第2話
わがままなお殿さま
〜資料作成のムダ、会議のムダ
21

その資料作成、その会議も「仕事ごっこ」かもしれない!

情報格差が新たな「仕事ごっこ」を生む

「電子が基本、紙はオプション」くらいにスパッと割り切る

「所詮社内運動」「資料裁判」「会議裁判」

第3話
兵士不足に悩む王国
〜履歴書や申請書をいちいち手書きさせるムダ
31

その書類、わざわざ手書きさせる必要ありますか?

手書きを苦手とする人もいる

ラクをすることは美徳。ITを活用しよう

第 4 話
残念な桃太郎
～オープンイノベーションの罪

37

そもそも、イノベーションする気ないでしょ?

本気とスピードで、清く正しいイノベーションを!

第 5 話
オフィス戦団 ビジキュアの憂鬱
～どうでもいいビジネスマナー

43

オフィス戦団ビジキュアが斬る! 残念ビジネスマナー10選

むしろ、こういう慣習こそビジネスマナー違反!

アップデートしよう! 時代遅れのビジネスマナーは、
組織のブランドイメージを下げる

第 6 話
お祭り好きな王様
～モチベーションを上げようとして、かえって下げる悲劇

53

モチベーションを上げようとすると、かえって逆効果なことも

「無理に上位者が考えない」それもモチベーションマネジメント

モチベーションを上げようとするより、
モチベーションを下げることをやめたほうがいい

第 7 話
白ヤギさんと黒ヤギさん、ふたたび
～コミュニケーションにいちいち水を差すPPAP

61

なぜ、「zipファイル＋パスワード別送」がもはやイケていないのか？

そもそも、セキュリティ対策としてイケているのか？

むしろ、セキュリティリスクを高める

PマークやISMS、この手の監査に関係する人たちが
趣旨を正しく理解していない可能性も

いっそのこと、メールをやめるのも一考

第 8 話
おはなしをきいてもらえない、すずめさん
～いまどきテレアポのみで営業をかける人たち

73

電話で営業、それって「仕事ごっこ」では？

「ならばIT導入だ！」いやいや、ちょっと待ってください

突然の電話は、相手の時間と集中力を奪う

電話が組織内の情報格差を生む

電話は同期型のコミュニケーション。
非同期型のコミュニケーション手段も活用しよう

第 9 話
里のかえると都会のキツネ
～相見積もり、コンペ、提案泥棒

83

毎回必ず「相見積もり」、それも立派な「仕事ごっこ」

度の過ぎた「相見積もり」や「コンペ」は、自社ファンを失う原因

それでも「相見積もり」「コンペ」をする場合は、ジェントルに

第 10 話
忙しそうな、にわとりさん
～年末年始の挨拶や表敬訪問

93

形骸化したやりとりが、相手と自分の時間を奪う

「仕事した感」がむなしい「消化試合」を加速させる

ビジネスと雅、いったん切り離しましょう

第 11 話
町のどうぶつえん
～ダイバーシティごっこ

99

多様な人たちを"集めただけ"、いつまで続けますか?

「私たち、活躍できません!」多様な人たちの活躍を邪魔するモノを排除しよう

第 12 話
女王アリと働きアリ
～「管理職ごっこ」「管理職ヅラしてマウンティングする人たち」

107

「管理職ごっこ」が、成長したい部下を静かに遠ざける

モヤモヤが生む不信感

そもそも「管理」って?　管理職のすべきことって?

少しずつでも風穴は開けられる

おわりに　**118**

第1話
白ヤギさんと黒ヤギさん
～紙の書類のムダ、印刷～押印～郵送のムダ

ある日、白ヤギさんは、となりのそのまたとなりの里に住んでいる黒ヤギさんにお手紙を書くことにしました。

「大きな海を見てみたい。大好きな黒ヤギさんをぼうけんのたびにさそって、いっしょに海まで行くんだ」

　きりかぶの机にむかい、どんぐりのえんぴつを手にとります。と、そこで白ヤギさんは気がつきました。

「しまった、びんせんがないや」

　しかたがないので、町までびんせんを買いに行くことにしました。1時間かけて戻ってきたころには、お昼をすぎていました。

「おなかがへったなあ」

　でも、ここで休むわけにはいきません。白ヤギさんは、買ってきたばかりのびんせんを机にひろげ、黒ヤギさんへの思いをつづろうとします。ところが、なかなか、はじめのひとことが出てこない。

「お手紙を書くときは、季節のあいさつからはじめるものだって、ばっちゃ（おばあちゃん）が言ってたっけな」

　そうこうしているうちに、お日さまはすっかりかたむき、むこうの山のかげにかくれてしまいました。

　やっとこさ、お手紙を書きおえた白ヤギさん。

「そういえば、黒ヤギさんの住所知らないや…」

　たしか、クリスマスパーティーのときに黒ヤギさんからもらった、かえで

14

第1話　白ヤギさんと黒ヤギさん

の葉っぱのカードに住所が書いてあったはず。白ヤギさんは、戸だなの引き出しをひっくり返して探します。

「ない、ない、ここにもない……あ、あった！」

　やっと黒ヤギさんの住所を見つけた白ヤギさん。でも、思うように書きうつせません。大きな手の白ヤギさん、なんども書きまちがえては、イチから住所を書きなおします

　夜もふけたころ、白ヤギさんはやっとお手紙を書きおえました。でも、これで終わりではありません。白ヤギさんの住む里では、長老の手形を押してもらわないとお手紙を出せないのです。しかし、もうこんな時間。はやおきの長老は、とっくにお休みしてしまっているはず。それに、さいきんは、「はたらきかたかいかく」で、カラスが鳴いたあとには手形を押してくれなくなりました。

「しかたがない、また明日にしよう」

　こうして、白ヤギさんもねむりにつきました。

　それから5日ほどたったでしょうか。
　白ヤギさんのもとに、赤ヤギさんがやってきました。赤ヤギさんは、みんなに手紙をくばるお仕事をしています。
　よくみると、赤ヤギさんの手には、黒ヤギさんあてに出したはずのお手紙が。ええ、なんで？

「ごめんね。キミが書いてくれたあてさきには、もうだれもいなかったんだ。どうやら、黒ヤギさんはおひっこしをしてしまったみたいだね。これ、返すね」

15

トラップだらけ！
紙の作業は悪気なく私たちの邪魔をする

　紙を伴う事務作業。日々"あたりまえ"のように対応していますが、じつはたくさんのトラップが私たちの生産性とモチベーションの足を悪気なく引っ張り続けています。たとえば、「見積書を送付する」一連の流れを見てみましょう。

❶ 頭紙を書く

➡ `トラップ1` 時候の挨拶を考える手間／まちがえるリスク

❷ 頭紙と請求書を印刷する

➡ `トラップ2` 紙切れのリスク
　`トラップ3` プリンターの順番待ちですぐ使えないリスク
　`トラップ4` トナー切れのリスク
　`トラップ5` プリンターの紙詰まりや故障のリスク
　`トラップ6` １字でも誤字脱字があったら印刷しなおし

❸ 押印する

➡ `トラップ7` ハンコが手元にないリスク
　`トラップ8` 決裁者がつかまらないリスク
　`トラップ9` ハンコがうまく押せないリスク（朱肉が薄いなど）

※中には、ハンコの押し方にケチをつけるめんどくさい上長も

❹ 封筒に宛名を書く

➡ `トラップ10` 封筒切れのリスク
　`トラップ11` 宛先を調べる手間
　`トラップ12` 宛先をまちがえるリスク

- トラップ13 手書きする（ないしラベルを貼る）手間
- トラップ14 書き損じのリスク

↓

❺ 封入する

→ トラップ15 のりがないリスク
- トラップ16 封筒を汚してしまうリスク

↓

❻ 切手を貼る

→ トラップ17 郵送コスト
- トラップ18 切手を買いに行かなければならない手間
- トラップ19 金額不足のリスク
- トラップ20 切手を貼り忘れるリスク

↓

❼ 投函する

→ トラップ21 郵便局やポストが見つからないリスク
- トラップ22 営業時間外
- トラップ23 投函を忘れるリスク

↓

❽ 郵送される

→ トラップ24 当日の集配時間に間に合わないリスク
- トラップ25 郵送事故のリスク
- トラップ26 宛先不明で戻ってくるリスク

↓

❾ 担当者の手元に届く

→ トラップ27 社内で迷子になるリスク
- トラップ28 担当者のデスクで埋もれるリスク
- トラップ29 誤って廃棄されるリスク

なんとまあ、トラップの多いこと！

数々のトラップをクリアして、みごと相手の手元に届いた請求書。しかし、相手は悪気なくこう言います

「あ、すみません。経理からモノイイがつきまして……。請求書の件名を1文字変えていただきたいんですよね。再発行、お願いできます？」

オーマイガッ！

さて、ここで質問です。この一連の作業において、あなたは、相手は、何かしらの価値を生んだでしょうか？

「それ、電子で代替できない？」

紙を伴う事務手続き。電子で代替できないか、見直してみましょう。

電子メールを使う

➡ 見積書や請求書の送付。極力電子メールおよび添付ファイルで代替しましょう。

ただし、いまや電子メールも必ずしも優れているとはいえません（第7話でじっくりお話します）。以下に述べるツールの利用も積極的に検討してください。

クラウドのドキュメント共有サービスを利用する

➡ Google Drive など、IT ベンダーが提供するサービス上で電子ファイルを授受および共有するもの。定常的なやりとりがある相手など、いったん信頼関係を結んだ相手との情報共有に大変便利です。

外部サービスを利用することについて、セキュリティ面での不安を指摘する声もありますが、自社で立てて管理しているメールサーバーが安心とは限りません。むしろ、専門性の高い外部サービスのほうが、お金をかけてメン

テナンスおよびセキュリティ対策がされていることも。

「自宅のタンスにしまってあるお金と、銀行に預けたお金では、どちらが安全か？」

こう考えてみてください。

ビジネスチャットやメッセンジャーを利用する

→ Slack、Microsoft Teams、LINE WORKS など、ビジネスチャットやメッセンジャーもビジネスの場において活用され始めています。お互いの都合のいいタイミングで気軽に発信しあえ、トピックごとに会話（チャンネル）を立ててやりとりできるなど、スピーディなコラボレーションを可能にします。LINE などプライベートで使い慣れているコミュニケーションツールとインターフェース（画面や操作性）も似通っているため、操作を覚えるハードルも低いです。添付ファイルもはじかれにくいなど、電子メールにはない独自のメリットがあります。

電子決済サービス、電子ワークフロー、クラウドサインなどを利用する

→物理的なハンコを必要とせず、パソコンやモバイルデバイス上で稟議の回覧や決裁ができる仕組み。

「外出先から決裁できる」
「決裁待ちのアイドリング時間がなくなる」

など、決裁するほう、してもらうほう、双方の無駄な時間とストレスを軽減します。もちろん、お取引先やお客さんをお待たせする時間も短くなります。

これらは、紙の作業に較べて無駄なトラップが大幅に少なく、迅速なコラボレーションを加速します。なにより、あなたの組織およびそこで働く人たちを時代遅れにしません。

「紙の原本が必要です！」

　それは、あなたの会社の「内規」あるいは、ただ単に慣習でそうなっているだけかもしれません。経理担当に確認した結果、「じつは電子データだけでも問題なかった」、あるいは監査法人に相談したら「いまどきは、紙の原本がなくてもOKです」とわかり、すんなり電子化できた企業も。要は、アップデートしていなかっただけなのです。

　さらに1ヶ月がたち、白ヤギさんのおうちのポストに、1通のお手紙がとどきました。黒ヤギさんからです！　うらには、新しい住所も書いてあります。

「やった、これで黒ヤギさんにお手紙が出せるよ！」

　おおよろこびで封をあける白ヤギさん。そこには1枚の写真が入っていました。なんと、黒ヤギさんが、黄ヤギさんと緑ヤギさんと海辺で楽しそうに遊んでいるではありませんか？

　クリスマスパーティーのあと、黄ヤギさんから「でんしめーる」で、緑ヤギさんから「すらっく」でさそわれて、海に遊びにきました。もう少しはやかったら、白ヤギさんもいっしょにこれたのにね。とても住みごこちがいいので、ぼくはここに住んで新しいお仕事をしようと思います

第2話
わがままなお殿さま
～資料作成のムダ、会議のムダ

ある国に、わがままで有名なお殿さまがいました。

　自分の言うことが絶対。逆らうものは、打ち首、ごく門、島流し。家来の進言にもいっさい耳をかたむけようとはしません。

　きょうは月にいちどの定例会。全国から家来が集まり、
年貢をどれだけ集められたか？
かんばつやえきびょうなどが起こっていないか？
などをお殿さまに報告します。ところが、これがなかなかの家来泣かせ。

「巻物でもってこい！」

　わがままなお殿さまは、巻物にこだわります。さらに、巻きかたにも注意がひつよう。ひもの結びかたが気に入らないと、

「無礼であるぞ！」

　とたちまち機嫌をそこねます。どんなに立派な内容でも、聞き入れてくれないのです。

　家来たちは毎月、巻物を仕立てて、ていねいにひもを結んで……と、そのためだけに１日がかりの仕事をして都にむかいます。ひもを結ぶ職人をやとっている家来もいるとかいないとか。

　さらにこのお殿さま、きまぐれな発言も多くて、いつも家来を困らせます。

「気温の変化も知りたいのぅ」
「そなたの地の、をのこと、おなごの数を答えたまえ」

　そのため、家来たちはあらかじめ「お殿さまに聞かれそうなこと」を想定し、ねんのための資料をじゅんびしておかなくてはなりません。すぐに答えられないと、お殿さまは怒り出すからです。気の利く家来は、万が一の質問

第 2 話　わがままなお殿さま

にそなえ、家来のそのまた家来を外にはべらせています。

　ところが、その国の栄華も長くは続きません。
　あるとき、川むこうのとなりの国から襲撃されます。川むこうの国はとても
スマート。くらべものにならないほどのスピードと情報力で、あっという
まにその国を圧します。わがままなお殿さまはとらわれの身となり、その国
は川むこうの国の属国となりました。

「これで、平和に暮らせる！」

　期待に胸をふくらませる家来もいました。ところが、よろこびもつかのま。

「あなたたち、そんなんじゃシゴトまかせられないね」

　しごとのやりかたがあまりにも時代遅れで、川むこうの国から使いものに
ならないと判断されてしまいます。

　職にあぶれ、路頭に迷う家来たち。ひとひらの雪が、くもり空から舞い降
りて、そっとほおをなでました。

その資料作成、その会議も「仕事ごっこ」かもしれない！

資料作成や会議も「仕事ごっこ」の典型です。

- 資料作成 ➡ ともすれば、体裁を整えることに意識が向き、そのための仕事や余計な気遣いを増やす。「万が一」のためのデータ収集や手元資料作成の仕事を生む
- 会　　議 ➡ 会議そのものの拘束時間はもちろん、移動や準備のためのムダな時間を生む

　ところが、組織の規模が大きくなればなるほど、これらの「ごっこ遊び」がそれぞれの立場で「仕事」として認識され、だれも疑問に思わなくなります。以下のように。

本部長「会議でそれらしい発言をするのが、本部長の役割だ」
「キレイな資料を作るのが、部下の仕事であり礼儀だ（私も若いころはそうしてきた）」
「会議の延長はあたりまえ」

部課長「会議に参加するのが部課長"らしさ"だ」
「本部長のご機嫌とりも仕事のうち」
「社内相手であってもキレイな資料を作る、組織人として当然だろう」
「会議の主導権は本部長にある。我々は進め方に口を出す必要はない」

担当者「無駄な資料作成が多い。が、お給料が入ってくるから問題ない」
「この会議に自分が参加する意味がわからない。まあ、消化試合だと思えばいいや」
「会議が時間内に終わらない。議題もよくわからない。でも、それは本部長や部課長のせい。自分のせいではない」
「資料作成や会議のせいで、自分の仕事はいつも定時後。それはマネジメントの責任だ。残業代さえもらえれば、それでいい」

こうして、「仕事ごっこ」が妙に正当化、最適化されてしまうのです。

情報格差が新たな「仕事ごっこ」を生む

「資料が紙ベースで、共有されにくい」
「情報共有は会議が基本、参加者以外に共有されにくい」

　この状況は、社内の情報格差を発生させやすくします。その結果、何が起こるか？

　情報を共有するための仕事が生まれます。
　情報をもらうための気遣いや社内接待がはびこります。

　組織構造の摂理に従うならば、重要な情報は、上流により多く蓄積されます。すなわち、上位者ほど情報量が多い。ダムに溜まった水を放流するがごとく、情報流をコントロールする仕事が発生します。中には、情報量で部下や取引先をマウンティング（優位な立場を濫用する行為）する上位者も。

「俺がもっている情報が欲しければ、言うとおりにしろ」

　こうして、歪んだ主従関係が生まれます。

「電子が基本、紙はオプション」くらいに スパッと割り切る

　これからの時代、情報共有は「電子が基本、紙はオプション」くらいに割り切ったほうがいいでしょう。
　ある外資系 IT 企業では、「ここにない情報は、存在しないもの」とし、規定のクラウドサービス上での報告や連絡を徹底。その結果、報告業務にかかる手間やコストが大幅に削減できたといいます。そのほか、こんな効果が得られたそうです。

・ギリギリまで数字をアップデートできる（紙の情報はすぐ陳腐化するので、変更があるといちいち刷り直す手間が発生していた）
・過去の情報、関連情報の抽出や比較参照もしやすくなった
・場所を選ばずに会議に参加できる（外出先、自宅などからリモートで資料を見ながら話ができる）
・その結果、無駄な移動をしなくてよくなった

　もちろん、紙を否定しているわけではありません。紙には紙のよさがあります。本人の視力や嗜好で、紙のほうが見やすい人もいるでしょう。また、アイディア出しを目的とした会議であれば、紙のほうが複数名で書き込んだり、切り貼りや並べ替えをしながら視点を変えやすいメリットもあります（最近は、電子ツールでそれができるものもありますが）。
　しかし、それらはあくまでもオプション。本人の嗜好やシーンに応じて、プラスαの付加価値として、自己判断で「自分で」印刷すればいい。すべてのシーンにおいて、なんの疑問も持たずに紙の運用を続けるのは、ビジネスのスピードを、そして個人と組織の成長の足を引っぱります。

「電子が基本、紙はオプション」

　そう考えると、「紙で持ってこい」「配布資料を人数分印刷してきてください」といった"あたりまえ"は、あなたやあなたの会社の都合にあわせた「スペシャルな要求」であることがわかります。わざわざ印刷するには手間もコストもかかりますし、トラップもありますから（第1話も読み返してみてください）、自分（たち）で印刷するか、追加料金をお支払いしましょう。そういえば、最近は携帯電話などの通信料金の利用明細書も、紙の送付は有償オプションにしている事業者もありますよね。

　あなた（たち）が電子に対応できないコストを、相手に転嫁してはイケマセン。

第 2 話　わがままなお殿さま

「所詮社内運動」「資料裁判」「会議裁判」

改善事例を３つ紹介しましょう。

「所詮社内運動」

ある中小企業での取り組み。社内でしか使わない資料は、体裁を気にしすぎない。PowerPoint を作らず、手書きメモでも、テキストファイルの箇条書きでも OK。「てにをは」や誤字脱字も容認する。そのような取り組みを進めています。名前は「所詮社内運動」。
「所詮社内」というネーミングも絶妙で、この運動が始まって以来、上司と部下の間で

「所詮社内だから、凝らなくてイイよ」
「所詮社内なので、テキストファイルで済ませました」

などの会話が生まれ、正しく手を抜く文化が定着しつつあるそうです。

「資料裁判」

日報、週次報告資料、定例会議資料……気がつけば、定例で作る資料はどんどんと増えていきます。あたりまえです、なぜなら組織は生き物だから。だからこそ、いったん立ち止まって、定例資料をリストアップし、眺めて向き合い方を決める必要があるのです。
ある大企業のある部門では、年１回「資料裁判」をやることにしました。その時点で、定例で作成している資料をホワイトボードに書き出し、１つ１つ判断していくのです。

「もはやだれも見ていないから、やめる」
「週次→月次に頻度を下げる」
「グラフはナシにする」
「作成を自動化する」

27

など。まるで裁判の如く、1つ1つの資料を裁いていきます。"裁判"なる名前がついているため、若手や派遣社員も「この資料、もうやめませんか?」など発言しやすいそうです。

このようなポジティブな「仕事ごっこ」(裁判ごっこ)は、大いに取り入れていきたいものです。

「会議裁判」

資料裁判の、会議バージョン。定例会議を書き出し、「やめる」「頻度を落とす」「リモート参加OKとする」など裁きます。資料裁判と同様、最低年1回やるといいでしょう。

あまりの時代遅れに失望したとなりの国。その国を手放して去っていきました。

ふたたび主権を取り戻した、わがままなお殿さま。心変わりをし、家来の言うことに耳を傾けるようになりました。報告会で巻物をくばるのはやめ、「たぶれっと」を使った電子での報告に変えました。お城から遠い家来は、リモートで参加。そのぶん、家来は自分の土地を治める仕事に集中できるようになりました。

「ほほう、指を画面にくっつけて広げれば文字が大きくなるのか。巻物より見やすいのぅ」

お殿さまは満足顔です。

「おかげで、個人の買い物も便利になったワイ。ほら、こうしてポチっとな!」

こうしてお殿さまも、国も、そこで働く人々も、幸せになりましたとさ。

第2話　わがままなお殿さま

第3話
兵士不足に悩む王国
~履歴書や申請書をいちいち手書きさせるムダ

ある国が兵士を募集していました。年々若い人の人口がへり、兵士の高齢化が進んでいるからです。

「このままでは、お城を守る人がいなくなってしまう」

　あわてたお城の偉い人たち、若い人に兵士になってもらおうと、あれこれと手をうちました。かっこいいポスターもつくった。テレビCMも流した。ソルジャー系アイドルのイベントもやった。

　ところが、まてどくらせど、なかなか応募してくる人がいません。たまに応募があったかと思えば、お年を召した人ばかり。それもそのはず。この国の兵士に応募するためには、大きなネックがあったのです。

・手書きの履歴書と職務経歴書をととのえ、事前に送る必要がある
・面接には、鎧兜を着ていかなければならない

　お城の偉い人は、その問題に気づきません。なぜなら、応募の書類は手書きであたりまえ、面接には鎧兜を着ていくのがマナーだと思っているからです。ところが、若い人たちはそうは思っていません。

「今の仕事が忙しいのに、手書きをする時間がない」
「字をうまく書けるかどうかって、兵士の仕事とどう関係あるんですか？」
「鎧兜なんて着て歩いていたら、『こいつ兵士に転職する』ってまわりにバレるじゃないですか！」

　みな、兵士の仕事に興味がないわけではない。やりたい人もいる。

「はぁ、どこかにいい若手はおらんかのう……」

　お城の偉い人たちは、今日もからっぽの郵便受けをのぞいてはため息をついています。

第3話　兵士不足に悩む王国

その書類、わざわざ手書きさせる必要ありますか？

　履歴書や職務経歴書。いまだに手書きにこだわる組織もあるようです。

　手書きのぬくもりを求めたい気持ちもわかります。それで、自社に対する本気度を試したい気持ちもわからないでもありません。

　しかし、会社はビジネスをする場です。たとえば、対象職種が通信講座の添削指導の職員など、手書きイコール本業である職種ならばさておき、忙しい相手に手書きを強いる。さらには、郵送させる。そんな手間をかけて、なんになるのでしょうか？

「御社、ほんとうに人を採る気あるの？」

　そう言われてもしかたないでしょう。まさしく「仕事ごっこ」です。

　手書き強制問題は、入社時に限った話ではありません。筆者の知り合いのSさんは、辞表を3回も書き直しさせられました。「てにをは」の修正を指示され、都度ゼロから手書き。

「理想形があるならば、会社からテンプレートを示してほしい」
「署名はまだしも、全文を手書きさせる意味がどこにあるのか？」

　こう嘆いていました。慣習でそうなっているのか、あるいは退職手続きを面倒にすることで辞意をひるがえすとでも思っているのか。無駄な慣習を放置する人事部門も人事部門ですし、それにそのまま従う上司も上司です。ひょっとしたら、前時代的な弁護士先生にそう指導されているのかもしれません。

　単に嫌がらせでやっているとしたら、マネジメントのレベルが幼稚すぎると言わざるをえません。なかには、経費の申請書や稼動表など、日常の事務手続きにまで手書きを求める職場もあると聞きます。なかなか雅な文化です。でも、そこ職場ですから！（平成も終わったというのに、いまだに平安時代かよ）

その写経、儲けを生みますか？
その分、早く帰ったほうがよくないですか？

手書きを苦手とする人もいる

　世の中には手書きを苦手とする人もいます。生まれつき手先が不器用な人
など、努力でなんとでもならない世界もあります。その苦手を克服する時間
とカロリー、ほかのことに使ったほうがよくないですか？　その人の価値
は、字をキレイに書くことではないはず。活躍のハードルを上げてしまって
いるのです。
　手書きには書きまちがえるリスクもあります。1文字でも書きまちがえた
らゲームオーバー。最初からやり直し、あるいは二重線をひかせてハンコを
押さなければならない。これ、いったいなんの罰ゲームなんでしょう？
　また、名前の画数が多かったり、住所が長い人はそれだけでハンデを背負
うことになります。書きまちがいのリスクが高まるからです。これ、あまり
に不公平ではないでしょうか？

「その人が価値を出すところ、そこじゃないですから！」

「ごっこ遊び」が、字を書くことが本業でない人の活躍機会や熱量をムダに
奪うのです。ひかえめに言って、もったいない！

ラクをすることは美徳。ITを活用しよう

　どうも、旧態依然の組織にはラクをする＝悪いことのような価値観がある
ようです。

「一生懸命汗をかくことはすばらしい」

　ビジネスの場における手書き主義も、そんな価値観が背景にあるような気
がしてなりません。しかし、スピード重視、コラボレーション重視の時代、

それは大きなビジネスリスクです。

　履歴書、職務経歴書、申請書も辞表も、ビジネスの場における書類はすべて電子ファイルでよしとしましょう。それだけで、無駄な写経と手戻りを防ぐことができます。

　コピー＆ペーストできれば、生産性は大きく向上します。より優秀な人材と出会えるチャンス、すなわちコラボレーションのチャンスが広がります。どうしても本人確認が必要なものは、署名のみ手書きのサインを求めるくらいにとどめましょう。

　最近では、面接にITを導入し始めた企業や自治体もあります。たとえば四条畷市（大阪府）では、採用面接のリモート対応を開始しました（希望者は、従来どおりの対面面接も受けられる）。

　候補者は、ITツールを使って自宅や外出先から面接を受けられます。対面での面接は最終面接のみ。応募者のハードルが大きく下がりました。面接時の服装を問わない企業も増えつつあります。

　手書き文字　書きまちがえるさ、にんげんだもの。

　人間ゆえの弱みに向き合って、仕組みでナントカすること。それを「マネジメント」といいます（個人の気合と根性でナントカさせること＝マネジメントではありません）。

　いま、あなたの組織はマネジメントの質が試されています。さまざまなハンデを持つ人が正しく活躍できて、正しく評価される。それこそが優しい社会であり、ダイバーシティ（多様性）のある社会といえるでしょう。

　これまでの慣習や古い常識の名の元に、手書きを強いる。それは大きな社会損失です。何でもかんでも手書きさせる、ハンコを押させる、ITを活用しない職場を、社員は大切な友人や後輩にオススメしたいと思うでしょうか？「いろいろ面倒くさい会社」だと思われ、正しく活躍したい人がどんどん遠ざかります。すなわち、企業のブランドにも関わるのです。

　手書きの風流や雅は、プライベートの場や趣味の世界で、どうぞ存分に展開してくださいませ！

一方、川むこうのおとなりの国。インターネットで兵士を募集しはじめました。

　手書きの書類はいっさい不要。面接の服装も自由。重たくて目立つ鎧兜をわざわざ着ていく必要がありません。リモート面接も導入。候補者は、自国にいながらにして面接を受けることができます。この国の若い人たちは、こぞってとなりの国の兵士に応募しました。

　それだけではありません。気がつけば、自国の現職兵士もおとなりの国に応募するしまつ。こうして、おとなりの国にどんどんいい兵士が集まっていったのでした。

第4話
残念な桃太郎
～オープンイノベーションの罪

むかしむかし、あるところにおじいさんとおばあさんが住んでいました。おじいさんはお取引先と山で柴刈り、おばあさんは川の見える縁側で新聞を読んですごしていました。

ある日、川上から大きな桃がどんぶらこ、どんぶらこと流れてきました。おばあさんは、その桃を持って帰ることに。

桃を切ると、なんと元気な男の子が出てきました。おじいさんとおばあさんは、その子を桃太郎と名づけ、大切に育てました。

すくすくと育った桃太郎。あるとき、村人たちを苦しめる鬼がいることを知りました。そとの国から来た鬼たちは、やりたいほうだい。正義感あふれる桃太郎は、鬼退治の旅に出かけることにしました。

おじいさんとおばあさんは、桃太郎にきびだんごを手わたします。

「ごめんよ、桃太郎。川上からまともに予算をつけてもらえんもんで……」

さらには、「仲間は勝手に見つけなさい。お前のチカラでな」とのこと。これも、川上からのいいつけだそうです。

じゅうぶんな食料も予算ももらえず、のっけからモチベーションが下がる桃太郎。しかたなく、どこぞが主催するオープンイノベーションフォーラムなるものに参加してみます。

「あわよくば、知識や労力をタダで提供してくれるかいしゃやひと が見つかるかもしれない」

そんな淡い期待をむねに。

さっそく、桃太郎のもとに一匹の犬が寄ってきました。大企業の看板をせおっています。「いっしょに鬼退治の旅に出ないか？」と声をかけると、犬

はのり気でこう答えました。

「ぜひやりましょう。そのためには、まず部長せつめい、それから本部長せつめい、そして役員へのプレゼンテーションが必要です。ついては、後日メールで候補日をお送りしますので、まずはストーリーを作るためのお打ち合わせをいたしたく当社にご来社……」

　いろいろとめんどくさそうなので、桃太郎は「機会があれば、こちらから声をかけるね」とつくり笑顔でその場を去ります。

「おもしろそうですね！」

　別の犬がやってきました。どれだけのチカラがあるのかよくわかりませんが、やる気はありそうなので仲間にします。

　その様子を見て、今度はサルが近づいてきます。すぐに仲間になりたいが、決裁が必要とのこと。2週間待ってくれといわれます。「待つだけなら」と、桃太郎は名刺を渡しました。

　最後に、キジがやってきます。キジは、フリーランスですぐに参画できるとのこと。桃太郎は「ぜひ、いっしょにやりましょう！」と、キジとかたく握手をしました。

　こうして、桃太郎は犬、サル、キジを仲間に冒険の旅に出る……はずでしたが、なかなか話がまとまりません。2週間待ってくれと言ったサルは、「本業が忙しい」とのことで、3週間たっても4週間たっても旅立つ準備ができませんでした。そのあいだ、桃太郎は犬とキジと打ち合わせを重ねますが、とうとうしびれを切らしたキジ。「いつまでたってもビジネスにならん」と言い残し、どこかへ飛んでいってしまいました。

紆余曲折をへて３ヶ月。ようやく桃太郎は、犬とサル、そしてキジあらた
め別のフリーランスニワトリを仲間に加え、鬼退治の旅に出発することに！　なんとか鬼が島
に到着。ところが……

「あれ、鬼が１匹もいない!?」

　村マーケット　のうまみをとっくにすいつくした鬼たち。すでに撤退し、さっさと
遠くの世界に消えてしまっていましたとさ。めでたし、めでたし。

第4話　残念な桃太郎

そもそも、イノベーションする気ないでしょ?

> **オープンイノベーション**
>
> 　新技術・新製品の開発に際して、組織の枠組みを越え、広く知識・技術の結集を図ること。一例として、産学官連携プロジェクトや異業種交流プロジェクト、大企業とベンチャー企業による共同研究などが挙げられる。
>
> （出典：デジタル大辞泉／小学館）

　シリコンバレーの影響を受けてか、近年日本でもオープンイノベーションが盛んになってきました。日々、「オープンイノベーション」を冠したイベントやフォーラムが開催されています。組織を越え、スタートアップ企業や自治体官公庁、学生とのコラボレーションにより新たな技術や製品、サービスを生み出す。あるいは、世の中の課題の解決を図る。それ自体は、とてもすばらしい取り組みです。

　一方で、形骸化した「残念な」オープンイノベーションも散見されます。

・参加者にイノベーションをする意識がない
・大企業の看板だけで、相手を服従させようとする人がいる
・参加者に予算も権限も、社内で提案して通す力も与えられていない
・「情報収集」「飲み会」程度の気持ちで参加している人がいる
・「人脈」を広げることが目的化している人の姿も
・アイディアだけをタダでもらおうとする、悪質な参加者も
・（その結果）スタートアップ経営者やフリーランス、学生が無駄にタダ働きさせられる

　まさに、オープンイノベーション「ごっこ」!

　結局、得をするのはオープンイノベーションフォーラムを運営し、会費の収入などがある団体だけ。参加者の多くは、時間とお金を浪費しただけで終わってしまうのです。

　かくいう筆者も、フリーランスの駆け出し当初、複数のオープンイノベー

ションフォーラムの類に参加していた時期がありました。有意義なものもありましたが、中にはオジサマたちが理由をつけて飲みたいだけの、「浪費しかない」会に遭遇したこともあります。スタートアップの事業主や駆け出しのフリーランスには、ほんとうに痛い（筆者は早々に逃げ出しましたが……）。イノベーションが、熱意ある参加者のモチベーションを下げる悲しき「ごっこ遊び」に……。

本気とスピードで、清く正しいイノベーションを！

　企業は、イベントやフォーラムに参加する以上、最低限、次のことは守ってほしいものです。

・オープンイノベーションによって実現したいこと、解決したいことを明確にする
・「自社が何を提供できるか？」「何が足りないか？」を明確にする
・そのうえで、相手に何を求めるかを明確にする
・予算を使える人、意思決定権がある人が参加する
・迅速に意思決定をする
・（参加者に予算執行権、意志決定権がない場合）最低限、参加者の提言を受けて迅速に意思決定ができる体制を整えておく
・（特に大企業は）きちんと投資をする。スタートアップ、フリーランス、学生などの比較的立場の弱い人たちをタダ働きさせない

　予算もなければ、意思決定もできないのに、思わせぶりなそぶりで参加者をもてあそぶのは言語道断！　ましてや、アイディアをタダでもらおうなんて泥棒根性はもってのほかです。そんなことをしていると、あなたの企業のブランドイメージがどんどん下がります。またたく間に悪評が立ち、外の人たちにふりむいてもらえなくなります。さらには、オープンイノベーションそのものがうさんくさいものと捉えられてしまうように。言うなれば、社会的損失です。
　くりかえしになりますが、オープンイノベーションとは本来すばらしいものです。清く、正しく活用し、本来のイノベーションにつなげていきましょう。

第5話
オフィス戦団ビジキュアの憂鬱
～どうでもいいビジネスマナー

『オフィス戦団　ワークスタイルチェンジ　ビジキュア！』

　日本の職場の生産性向上と、風土改革に取り組むべく立ち上がった、男女
５人の戦士たち。レッド、ブルー、イエロー、ホワイト、ピンク。５色のスー
ツが朝日の光を浴びてキラリと光る。

「変えるぜ！　帰るぜ！　Go！」

　と、そこに忍び寄る４つの黒い影が。競合（ライバル）だ！

「出たな！」レッドの声が速いか、とっさにかまえる５人。張り詰める空気。
一方、競合たちはといえば……

　楽しそうにガヤガヤとおしゃべりしている。
　みじんも緊張感が感じられない。服装も色とりどり。

　パーカー姿の顎鬚の男。
　Tシャツにジーンズ姿の男？　女？　長い金髪が海風になびいている。
　コーヒーを飲んでいる女の姿も。女神の絵が描かれた白いカップが目立つ。
　そして、あれは何のまじないか？　両耳から白い紐を垂らし、食べかけの
リンゴの模様が入った板に向かってひたすらカチャカチャ指を動かしている
男。さては、魔術師をつれてきたな……。

　それにしても、まるで統一感がない。

「あ、あんたら……やる気あるん？　ここは神聖なる戦いの場。そろいの
スーツを着るのがマナーやろが！」イエローがほえる。

「は、はぁ。僕たち、ミッション・ドリブンでアジャイルかつフラットなコ
ミュニティなんで……ところで、みなさんのコア・バリューは？」

第5話　オフィス戦団ビジキュアの憂鬱

　が、外国語を喋っている！　さては、海の向こうから攻めてきたヤツらか。ならば、コトバが通じなくてもやむをえない。

　しかし、動じることはない。外国人であれ、宇宙人であれ、初対面の相手と接する時のふるまいは決まっている。まずは、自分の名前を名乗って、さらに決め台詞とともにポーズを決めるのがお作法。そう、マナー講師にたたきこまれたばかりだ。恐るるに足らず。

「ええと、ええと。決め台詞なんだったっけ……」

　決め台詞以前に、自分の部署名が長すぎて覚えられない、思い出せない。

「じゃあとりあえず、あたしから……」

　沈黙を破るピンク。しかし、ブルーがとっさに腕を伸ばして制止した。

「おい、ちょっと待て。挨拶は職位順が常識だろ。リーダーのレッドから自己紹介すると決まっているんだよ」

　出鼻をくじかれたピンクは、ふくれ面。気を利かせたつもりなのに……

「その前に、並び方から見直さんと。赤が一番上座、ピンクとホワイトは下座やな。ええと、この崖の上座って、どっちやねん？」

　イエローが地図を広げ、ブルーがその横でスマートフォンで方角を調べる。こういう無駄な連携だけは淀みない。

「あの、そんな呑気なことしている場合では……（保育園のお迎えの時間が迫っているんですけど……）」

45

ホワイトが心配そうな表情で、競合陣に視線をちらちらおくる。

「この競合、残業してでも倒すっ！」

　言葉を荒げるイエロー。と、次の瞬間……

「よっしゃ、思い出した！」

　レッドが立ち上がった。いざ、自己紹介！

「内に秘めた愛社精神！　キュア・エンゲージメント！」

　……と、ポーズを決めようとしたその時、

　──バシュッ！

　空から一筋の閃光がビジキュア５人を鋭く貫く。
　その場に倒れるビジキュアたち。目の前の競合４人はピクりとも動いていないのに、突然の不意討ち。

「いったい、どういうことなんだ……」

　レッドの呻き声を受け、競合のリーダーらしき男（そもそもリーダーがいるのかどうかもよくわからない）が、おもむろに口を開く。

「あ、僕たち４人しかいないと思いました？　ついさっき、５人目と６人目がジョインしたんですよ。リモート参加で」

　手も足も出ないビジキュアをよそに、競合４人は帰りじたくを始める。

「じゃ、お先に失礼します。すみません、僕たち残業するって発想ないんで」

オフィス戦団ビジキュアが斬る！
残念ビジネスマナー10選

　ビジネスマナー。もちろん、妥当なものもありますが、迅速なコラボレーションの足を引っぱる厄介者も少なくありません。スピード優先、生産性重視、コラボレーション重視の時代なのに、だれも得せず、めんどうなだけ。そんな私たちの時間やコストやMP（気力）を無駄に奪っていく時代遅れの残念なビジネスマナー、ベストテンがこちら。

（1）メールを送ったら、すぐ相手に確認の電話を入れる

➡相手が電話に出られる状況とは限りません。突然の電話は、相手の注意力や集中力を奪う失礼な行為にもなりえます。送り手の都合だけで、受け手の時間や集中力を奪うのはいかがなものでしょうか？（緊急時は除く）
　中には、営業の売り込みなど、面識のない（あるいは十分に信頼関係を構築できていない）相手に一方的にメールを送りつけ、電話をする会社も。迷惑きわまりありません。

（2）出されたお茶を飲むのは失礼

➡喉が渇いているのであれば、ありがたくいただけばいいでしょう。せっかく入れてくれたお茶、飲まないほうがもったいない。おいしく飲んでいただけたら、出したほうも気持ちがいいはずです。

（3）ハンコは、上位者の方向に傾けて押す

➡これこそ、じつにくだらない「ごっこ遊び」。社員や取引先から、上位者がいばる「幼稚な組織（どうでもいい体裁ばかりにこだわる、スピード感のない残念な組織）」と思われるリスクも。
　それ以前に、ハンコ文化をなくす努力をしましょう。無駄な紙作業、ハンコ作業、郵送業務や、それによる手戻りや待ち時間をなくす。それこそ、ビジネスマナーです。

（4）添付ファイルは、必ず圧縮してパスワードをかけ、
　　別メールで送る

➡秘匿性のない情報にまでそれをやるのは、お互い手間なだけ、かつ相手にとっても迷惑です。せめて、添付ファイルの内容がなんなのか本文中にひとこと添えるだけでも、相手のストレス軽減になります（わざわざ解凍して開く必要があるものなのか、急いで確認するべきものなのかを、相手が判断できるため）。

　　※このテーマは、第7話でくわしく解説します

（5）エレベーターに乗る順番

➡ほかの人の邪魔です。とっとと乗り降りしたほうがいい。別のフロアで待っている人のことも考える想像力と気配りがほしいところ。

（6）タクシーに乗る時の上座・下座

➡これまた、「そんなことどうでもいいから、とっとと乗り降りしてくれ！」事案。待たされる後続車にとって、たいへん迷惑です。さらに、交差点の付近やど真ん中でタクシーを止める行為も、事故を誘発し、よろしくない。そもそも、道路交通法違反（駐停車禁止違反）。

（7）役職者は、役職名をつけて呼ぶのが礼儀

➡組織文化にもよるため、一概に悪いとはいえません（軍隊など、職位を明示することで統制をとりやすい組織もある）。ですが、単なる慣習や、上位者が権力を誇示したいプライドだけで続けているのなら、あまりに「幼稚」なのでとっととやめましょう。

　ちなみに、その役職者が降格した後、役職定年をして一般社員として再雇用された後など、職場に妙に気まずい空気がながれることも。それこそ、無駄な気遣いです。

（8）スーツ＆ネクタイを着ないと失礼

➡制服を着用することが、安全性や視認性の面において合理的である（例：だれが係員かひと目でわかるなど）ケースはさておき、服装の強要は生産性やモチベーションの低下につながりかねません。発想しやすい服装、作業しやすい服装、プライベートとの切り替えがしやすい服装、自分たちの生産性が上がる「勝ちパターン」を主体的に選べる環境を目指しましょう。

　特に夏場は、無理にジャケットやネクタイを着用する必要もありません。ここ数年の日本の夏の暑さは異常です。見ているほうも暑苦しく、申しわけなくなります。地球環境が勝手に変わっているのに、人間の慣習は変えない道理はありません。自ら思考できない残念な人たちに思われます。

（9）飲み会では、上位者が来るまで飲み食いしてはいけない

➡お腹が減っている人、料理を出せず後がつかえて困っているお店の人のことも考えましょう。

（10）飲み会では、若手は上位者の傍に座ってはいけない

➡意味不明。そんなめんどうくさいことを言うから、若手は飲み会に来なくなります。ビジネスマナーが自分の首をしめる典型です。飲み会本来の目的にたちかえりましょう。

　え、上位者が虚勢を張りたいだけ？　それなら業務扱いにして、かつ会費も全額上位者が払いましょう！

　まだまだ、ほかにもあることでしょう。

むしろ、こういう慣習こそ
ビジネスマナー違反！

「ビジネスマナー」ではないものの、私たちの時間やコストや MP（Mental Power＝気力）を無駄に奪っていくだけの、残念な慣習もたくさんあります。

（1）20分の情報共有のための打ち合わせに、
　　　相手を呼びつける

→それだけのために、相手は片道1時間かけて通わなければならないかもしれません。その打ち合わせ、必要ですか？　電子共有でよくないですか？

（2）「打ち合わせしたいから、ちょっと来て」

→リモートで代替できませんか？　メールやメッセンジャーでできませんか？

　移動や準備の時間も、相手にとって手間であり、コストです。特に、発注が確定していない相手、少額案件の相手などを悪気なく呼び出す行為は、相手にとって大変失礼です（タダ働きを強要することになりますから）。せめて、あなたから相手先に出向くくらいの配慮はほしいもの。社内の相手であっても、その手間が相手や家族の貴重な時間を奪うことをお忘れなく。

（3）「ちょっと提案して」「何でもかんでも相見積もり」

→提案や見積もり作成にも、労力やコストがかかります。また、提案を求める＝相手が時間とお金をかけて培った技術や知識をいただくにもお金がかかります。せめて、ありものの資料で我慢しましょう。重厚な提案を求めるのであれば、提案料を支払うべきです。

　なかには、A社からもらった提案を、B社に開示して安く提案させる、悪徳な会社や担当者もいるようです。提案泥棒は、最低のビジネスマナー違反！　それをくり返すと、あなたの会社のブランドイメージが毀損され、協力者がいなくなります。

（4）「それって、営業活動だよね」

→それは相手（提供者）が決めることです。あなた（たち）の一方的な価値観で、タダ働きを助長してはいけません。それこそ、相手に失礼です。

（5）請求書や見積書の原本を郵送させる

→ PDF ファイルのメール送付でもよくないですか？

　中には、経理担当者や監査担当者や監査法人が時代遅れで、悪気なく紙ベースの運用を続けている（続けさせている）ケースもあります。あなたが優しくアップデートしてあげましょう。

（6）シャチハタNG

→ なぜ NG なのか、理由を説明できますか？

　シャチハタは、押印をラクにしたすばらしいツールです。ラクをすることは、悪いことではありません。雅はどうでもいい。生産性重視でいきましょう。

　できることなら、押印そのものをなくして、署名やクラウドサインで OK などに変えていってください。

アップデートしよう！　時代遅れのビジネスマナーは、組織のブランドイメージを下げる

・意味のわからないビジネスマナー
・生産性やモチベーションを下げるだけのビジネスマナー

　これらも、「仕事ごっこ」そして「お遊戯会」です。生まれた時には合理性があったのかもしれませんが、時代が変わり、環境が変わり、めんどうなだけの厄介ものに変わっていることもあります。自分たちの体面をとりつくろうあまり、相手の時間を悪気なく奪い続ける、まわりの迷惑や後工程を考えていない、独りよがりのビジネスマナーもあります。

　上位者のプライドを守るためだけに続けているとしたら、組織としてきわめて幼稚ではないでしょうか。平安の雅な文化を職場に持ち込んだ、公私混同きわまりない非効率な方法であるともいえます。これらを「マナー」「常識」の名のもとに蔓延させると、企業のブランドイメージを下げかねません。

日本国内ではそれでよくても、海外の人たちが見たらどう思うか？
シリコンバレーで日本の大企業がどう見られているか？

　最近、シリコンバレーやエストニアにおいて、日本企業からの「視察」が
いかに迷惑がられているかを綴ったニュースやブログが話題になりました。
“ビジネス雅”による、日本企業そのもののブランドイメージ低下が起こっ
ています。関心のある方は、インターネットで検索し、ぜひ一度記事をご覧
になってください。

・迅速なコラボレーション優先
・生産性優先

　コラボレーションの邪魔をし、ビジネスの足かせをする雅な「ごっこ遊
び」、そろそろ優しく葬ってあげる時ではないでしょうか？

第6話
お祭り好きな王様
~モチベーションを上げようとして、かえって下げる悲劇

あるところに、小さな王国がありました。かつては多くの人でにぎわい、栄えていましたが、最近はそうでもありません。若い人も少なくなり、だんだんと元気がなくなっていきました。王様は、たいそう心を痛めました。

「なんとか、この国を元気にしたい。民がイキイキと働ける、そんな国にするにはどうしたらいいんだ？」

　頭を抱える王様。そこで、はたと思いつきます。

「そうじゃ、飲み会をやろう！」

　若い民を笑顔にするには、飲み会が一番。そう思った王様は、大臣を呼び、毎週飲み会を企画するよう命じます。

　さあ、こまったのは国の民たちです。

「げげ、夜は蹴鞠（フットサル）の約束があるんだけれどな」
「王様の昔話や説教を聞かされるだけだろう……」
「大臣がずらりと並ぶ飲み会なんて、気疲れしかしない」
「お酌したり、サラダを取り分けたり、会費を払ってまでなんで仕事しなきゃいけないんですか？」
「それより、賃金を上げてほしい」
「ただでさえ残業が多いのに……毎週飲み会だなんて。そんなヒマがあるなら、早く帰って家族とすごしたいわ」

　いっぽう、大臣も頭を悩ませます。

「王様を喜ばせる宴にするにはどうしたらいいものか？　ううぬ、名案がうかばん……」

　だれもいない執務室を、熊のようにうろうろと歩く大臣。

「そうだ！」

　大臣は、この前の休みの日、広場で見かけた大道芸のことを思い出しました。あれなら王様に喜んでもらえるにちがいない。まもなく、こんなおふれ書きを掲示します。

「若手は全員、王様を喜ばせる芸をやること」

　くもった空気が、またたくまに空を覆います。それはまるで、若い民の心のうちを表しているようでした。

　大臣はあの手この手で民を集め、なんとかして飲み会を開催することができました。しかし、来る日も来る日も、飲み会の企画と準備、そして参加を促す根回し。大臣も民もヘトヘトです。

　すっかり気分をよくした王様。ご満悦顔で、大臣にこういいます。

「今度はみんなで大運動会をやろう。企画はまかせたぞ」

　王様は、楽しいことが大好きです。

モチベーションを上げようとすると、かえって逆効果なことも

「モチベーションの向上」
「エンゲージメントの向上」
「コミュニケーションの活性化」

　最近、日本のさまざまな組織で言われ始めています。働き方改革の流れで、残業削減や、有給休暇取得の促進など、制度面の整備は進んだ。早く帰れるようにはなった。一方、なんだか職場がギスギスしてきて、会話がなくなった、コミュニケーションが悪くなった……そのような声をよく聞きます。そこで、組織の長は考えます。

　どうにかして、コミュニケーションをよくできないか？
　メンバーのモチベーションを上げられないか？

　ところが、その策が問題。必ずしも、コミュニケーションをよくすることで、モチベーションを上げられるとは限りません。
　飲み会もその1つ。飲みニケーションに、コミュニケーションを向上させる効果があることは否定しません（筆者も好きです）。しかし、働く人たちの価値観は変わってきています。

・仕事が終わったら、会社以外の人たちと交流したい
・資格取得や技術力を向上させるための勉強をしたい
・家族とすごしたい

　もはや終身雇用があたりまえの時代ではありません。会社以外の自分も大切に育てていかないと、外で活躍できない人間になってしまうリスクさえある世の中なのです。もちろん、飲み会の出費もバカになりませんね。

「つきあいの飲み会が多くて、かえってモチベーションが下がった」
「とはいえ、飲み会に参加しないと、仲間はずれにされる」

「そもそも、みんな客先常駐でふだん接点がなく、コミュニケーションのネタがない」

　こんな声も聞かれます。
　問題となるのは、飲み会だけではありません。

・過剰な社内イベント
・過剰な社内セレモニー

　こうしたものが、企画者や社員の負担になっているケースもあります。よかれと思ったモチベーションアップの企画が、かえってモチベーションを下げてしまう──そうならないようにしたいものです。

「無理に上位者が考えない」それもモチベーションマネジメント

　モチベーションの向上策。無理に上位者が考えるとハズすこともよくあります。50代の常識は、20代〜40代の非常識。逆もまたしかりです。

「予算だけ与えて、使い方は現場に任せる」

　そのようなマネジメントもありではないでしょうか。組織は生き物です。現場によって、メンバーの世代も、趣向も、価値観も、当然モチベーションが上がる方法も違って当然。であれば、お金だけ与えて、自由に使ってもらうようにすればいいのです。そのうえで、飲み会がよければ開くもよし。あるいは、ちょっと豪華なランチをしにいくのもいいでしょう。コーヒーサーバーを購入して、オフィスの休憩スペースに置くのもありかもしれませんね。勉強熱心な現場であれば、そのお金でみんなが読みたい本を買うのはいかがでしょう。レクリエーションだけが、モチベーションの源泉とは限りません。

モチベーションを上げようとするより、モチベーションを下げることをやめたほうがいい

　発想を変えてみましょう。わざわざモチベーションを上げようとするから、かえって無駄が増えてモチベーションが下がる。この現象、悪気なく起こりがちです（よかれと思って開催した飲み会が、かえって逆効果となる事例もその1つ）。

　むしろ、モチベーションを下げている仕事や慣習をやめてみませんか？

9時〜17時の固定勤務をやめてみる

➡通勤ラッシュをさけて出社できる
➡テレワーク／リモートワークを導入し、毎日通勤しなくてもよくする

情報共有だけの定例会議をやめてみる

➡各自が本来の仕事に集中できる

日報をWordで書くのをやめて、Slackなどのコラボレーションツールに投稿するようにする

➡わざわざ作文する手間がはぶける

稼動表の提出は、電子ファイルでよしとする

➡わざわざ印刷、手書き、押印、提出するめんどうくささがなくなる

電話をなくす

➡仕事を邪魔されず、集中しやすい環境にできる

第6話　お祭り好きな王様

カジュアルウェアでの出社をよしとする

➡️アイロンがけやクリーニングの手間をはぶき、コストの削減ができる
➡️動きやすく、頭が働きやすくなる。そのまま遊びや旅行にも行ける

　私たちの身のまわりには、無駄にモチベーションを奪っている慣習がたくさん存在しています。それらは、「定例」「あたりまえ」「常識」の仮面をかぶって居座り続けています。

　やめることを決めませんか？

　わざわざ新しいことや、奇をてらったことを始めようとするより、よっぽどモチベーションアップの効果がありますよ。

第7話
白ヤギさんと黒ヤギさん、ふたたび
〜コミュニケーションにいちいち水を差すPPAP

白ヤギさんは、今日もお手紙を書いています。大好きな黒ヤギさんを、パーティーにおまねきするためです。

　年にいちどのクリスマスパーティー。白ヤギさんは、前に黒ヤギさんに会ったときにお誘いしたところ、「いきたい」と言っていたのをおぼえていました。
　こんかいは森のかわいらしいレストランを借りることができました。白ヤギさんは、ワクワクしながら手紙をそうしんしました。

　いっぽう、きょうも大いそがしの黒ヤギさん。お出かけしてばかりで、なかなかおうちにもどれません。手紙はいつのまにか、おうちのポストに埋もれてしまっていました。白ヤギさんは待ちぼうけ。きょうも黒ヤギさんからお返事をもらえません。心配になり、黒ヤギさんに電話をかけてみます。

「やあ、黒ヤギさん。ぼくが書いたお手紙、よんでくれたかな？」
「あ、お手紙くれていたの？　ずっとおそとにいてね。あとでかくにんするから」

　電話をきった黒ヤギさんは、カバンから筒のようなものを取りだしました。おそとにいることが多い黒ヤギさん、とくしゅなぼうえんきょうを作って、おうちのポストをのぞけるようにしたのです。

「おお、とどいている、とどいている」

　いくつかのお手紙は、ぼうえんきょうでそのまま読むことができました。黒ヤギさんは、その場でせっせとおへんじをします。ところが、白ヤギさんからのお手紙は……

「おや、がんじょうな箱に入っていて、中を見られないぞ」

　黒ヤギさんは、白ヤギさんからのお手紙を読むのをあきらめました。

第7話　白ヤギさんと黒ヤギさん、ふたたび

　3日がたち、ようやく黒ヤギさんはおうちにかえってきました。おそとは
もうまっくらです。
　ポストには今日もたくさんのお手紙がとどいています。そのなかに、白ヤ
ギさんからとどいた箱を見つけました。

「ああ、白ヤギさんが言っていたお手紙はこれだな。どれどれ、開けてみる
か……」

　ねむい目をこすりながら、黒ヤギさんは箱をあけようとします。ところが、
どんなにがんばっても箱が開いてくれません。と、こんなメッセージがそえ
られているではありませんか。

『ぱすわーどを入れてください』

「ええ、ぱすわーどなんて言われても……知らないよ！」

　大忙しの黒ヤギさん。つかれはてて、そのまま眠ってしまいました。

「ねえ、白ヤギさん。いったい箱のなかみは何なんだい？」

　3日後、黒ヤギさんは思い出したように白ヤギさんにきいてみました。

「森のレストランの地図とメニュー表なんだ。黒ヤギさんが、あらかじめ食
べたいものを決めやすいようにと思って。ごめんよ、ぱすわーどを送り忘れ
ていたね」

　——それって、わざわざぱすわーどをかけて送る必要あるのかな？

　黒ヤギさんは「メェー」と大きなため息をつきました。

63

最近、インターネット上で"PPAP"なる言葉を見かけるようになりました。

【P】assword つき zip ファイルを送ります
【P】assword を送ります
【A】n 号化（暗号化）
【P】rotocol

情報セキュリティの専門家が集い、"PPAP"を正しく滅ぼすための議論や活動も起こり始めています。ずばり、"PPAP"もイケていない「仕事ごっこ」な可能性が十分あります。それはなぜでしょうか？

なぜ、「zipファイル＋パスワード別送」がもはやイケていないのか？

これからの時代、紙のやりとりは極力なくし、どんどん電子に代替していかなければ、スピードで競合他社に負けます。ところが、その足を引っぱる残念な慣習があります。そう、「添付ファイルを zip に圧縮してパスワードをかけて、パスワードは別メールで送信」です。

「え、それ常識でしょ？」
「何がいけないの？」

そう思われる人もいらっしゃるかもしれません。情報セキュリティを考慮して、機密情報を含む添付ファイルには必ずパスワードを設定する——至極ごもっともに聞こえます。しかし、この慣習、送るほうも受け取るほうもただめんどくさいだけの「仕事ごっこ」かもしれません。
「zip ファイル＋パスワード別送」には、大きく4つのデメリットがあります。

第7話　白ヤギさんと黒ヤギさん、ふたたび

（1）めんどくさい

　ひかえめにいって、めんどくさい。送るほう、受け取るほう、双方に余計な手間をかけます。パスワードが届くまでの待ち時間も、相手の集中力を奪います。「デジタル失礼」といっても過言ではないでしょう。また、昨今の社会課題である「働き方改革」にも逆行しています。

（2）忘れる

「パスワードは別送します」
「あの、パスワードが届かないのですけれど……」
「すみません、忘れていました！」

　このやりとり、筆者自身なんべんも経験しています。人は忘れる生き物です。それは仕方ないにしても、パスワードが届かずにアイドリングしている時間が無駄であり、機会損失です。「金曜日の退勤間際に添付ファイルつきのメールを送って、パスワードを送付せずに帰宅してしまった」という場合、受け取った相手はモヤモヤしたまま、週末をすごさなければなりません。届くまでの間、相手の意識のリソースを奪う。精神衛生上、よろしくないですね。

（3）外出先から確認できない

　zip 圧縮され、かつパスワードが付与されたファイルは、スマートフォンなどのモバイルデバイスで開封〜閲覧できない場合が多いです。出張や移動が多い人にとって、大きな足かせに。これまた「働き方改革」にも逆行しています。何より、スピードの足かせになります。

（4）届かない

　添付ファイル付きのメールを受けつけなかったり、「迷惑フォルダ」に避ける運用をしている組織もあります。

65

「あなたは送ったつもりでも、相手は受け取っていない」

　この行き違いとタイムロスは、コラボレーションのスピード、および相手との信頼関係の足を引っぱります。
　世の中には、ご丁寧に

・添付ファイルはすべからく自動で zip 圧縮
・パスワードを自動生成して設定
・そのパスワードを相手に連絡するメールも自動送信してくれる

　こんなツールをせっせと導入する情報システム部門もあるようです。その結果、機密性のないどうでもいい情報までパスワードまみれ。送るほうはラクかもしれませんが、受け取るほうは迷惑千万。こうした、独りよがりの「ごっこ遊び」が今日も全国で繰り広げられています。
　日本の組織だけに蔓延した、「日本特有のガラパゴスルール」と指摘するセキュリティの専門家もいます。「zip ファイル＋パスワード別送」は、グローバル社会でのコラボレーションの足かせにもなっているのです！

そもそも、セキュリティ対策として イケているのか？

　そもそもこの慣習、肝心の情報セキュリティ対策として効果はいかに？ここで残念なお知らせがあります！

パスワードは容易に解読されうる

　インターネットには、zip ファイルのパスワードを解読するツールが出回っています。それを使うと、高度なハッキング技術や知識がなくとも、パスワードは解読できてしまいます。十分に長いパスワードであれば解読困難ですが、それでも特定の条件がそろうと解読できてしまう場合もあります。

第7話 白ヤギさんと黒ヤギさん、ふたたび

そもそも盗聴対策にはならない

　パスワードは、いわば"箱の鍵"です。箱にどんなに強固な鍵をかけたとしても、箱本体と鍵を同じ手段で送ったら、メールサーバーやネットワーク経路で盗み見ようとしている悪人は両方ともゲットできてしまいますね。盗聴対策効果はゼロです。

そもそも誤送信対策にはならない

「万が一、メールをまちがった相手に送ってしまった時のリスクヘッジにはなるのではないか？」

　いやいや。それも期待できません。まちがった相手に、パスワードつきのメールも別送しているわけですから。

「添付ファイル付きのメールを、意図せぬ相手に送ってしまった。パスワードはまだ送っていない」

　このケースにおいて、情報漏洩を防げるかもしれない（あくまで「かもしれない」レベル。前述のとおり、パスワードは容易に解読できますから）くらいの効果でしょう。いわずもがな、自動でパスワード入りメールが後送されるシステムを入れていたら、即アウトです。

　いやあ、じつに残念！　いままで一生懸命、マメにやってきた「zip ファイル＋パスワード別送」。もはや情報セキュリティ対策の手段としては無意味に近いといえます。かつては、合理性があったのかもしれませんが。

むしろ、セキュリティリスクを高める

　それどころか、「zip ファイル＋パスワード別送」は、むしろセキュリティリスクを高めるという専門家の指摘も。

添付ファイルになりすました標的型攻撃も！

　標的型攻撃＝悪意を持った第三者が、機密情報の詐取や不正操作を目的に特定の組織や個人の情報システムに対しておこなうサイバー攻撃の一種。そのやり方は日々巧妙化し、メールの添付ファイルを利用するケースも増えてきました。極力、添付ファイルを使わない運用も考えたいものです。

パスワード付きファイル、ウィルススキャンに引っかからない場合も

　パスワード付き zip の添付ファイルは、メールサーバー上のウィルスチェックが機能しないことがあります。その結果、添付ファイルに仕組まれたマルウェア（ウィルスなどを含む悪意のあるソフトウェア）の侵入を許してしまいます。

不要なファイルやフォルダが相手のデスクトップに散乱する

　zip ファイルは、相手がデスクトップや初期設定された temporary（一次）領域で解凍します。その時、無駄にフォルダが増えます。また、削除し忘れたファイルが、そのままデスクトップや temporary に残り続けることも。

・ゴミフォルダが散乱して、どこになにがあるのかわからなくなる
・気づかないところに、解凍した機密情報が残り続けている

　このような状況を誘発しがち。たとえるなら、作業机の上や、引き出しの中に、機密情報が書かれた書類が散らばっている状態。セキュリティ上、好ましいとはいえません。
　「zip ファイル＋パスワード別送」は、送信する側だけスッキリして、受け取る側の手間やセキュリティリスクには配慮しない、自己満足な習慣ともいえます。
　ちなみに、情報セキュリティの国際基準である ISMS（情報セキュリティマネジメントシステム）、および ISO27001 は、"Clear Desk, Clear Screen" すなわち机や PC のデスクトップに機密情報を散乱させないよう

要求しており、「zip ファイル＋パスワード別送」はこのポリシーに反していると指摘する専門家もいます。

セキュリティに鈍感な人を増やす

　機密性のかけらのない情報も、とにかく zip 圧縮してパスワード。ツールで自動化しようものならなおのこと、組織と個人のセキュリティに対する危機感を低めます。何が本来守るべき情報で、何がそうでないのかを考えなくなる。判断する力がなくなる。その結果、思考停止の社員を量産してしまうのです。

リスク管理できていない「残念な組織」であることを
公表してしまっている可能性も

　もはやメリットが薄く（むしろ、他者とのコラボレーションを邪魔するデメリットが多い）、日本のガラパゴスな慣習であるにもかかわらず、なかば惰性のように「zip ファイル＋パスワード別送」を続けている。

「この会社はリスク管理ができていない」
「思考能力のない組織」
「情報セキュリティがザルなのではないか？」

　そう思われかねません。組織のブランドマネジメントに関わる問題です。

PマークやISMS、この手の監査に関係する
人たちが趣旨を正しく理解していない可能性も

　では、なぜこのようなだれも得しない「情報セキュリティ対策ごっこ」がおこなわれ続けているのでしょうか？　２つの背景が考えられます。

（1）審査機関、監査担当者、情シス部門がイケてない

日本固有の認定制度「プライバシーマーク（Pマーク）」。
国際基準のISMS（情報セキュリティマネジメントシステム）。

いずれも、大企業を中心に認証を受けている仕組みです。これらの審査機関が、認証条件として情報の保護を義務づけています。そして、情報保護のてっとりばやい手段として「zipファイル＋パスワード別送」が蔓延した背景が指摘されています。企業側も、認証を取得／維持するために、やめるわけにはいかないのです。

情報を保護する手段は、「zipファイル＋パスワード別送」だけではありません。しかしながら、頭の固い（そして古い）審査官や、申請組織の監査担当者は、あたりまえだとばかりに「zipファイル＋パスワード別送」を強制する（それしか方法を知らないのかもしれないですが）。そして、Noと言う勇気のない情報システム部門が従順にそれに従い、添付ファイルをzip圧縮してパスワードを添付するツールを導入する。

（2）いまのシステムに載せやすいから

ある意味、「zipファイル＋パスワード別送」は実施するハードルは低いです。いまのメールシステムに大きく手を加えずに、メールでやりとりするコミュニケーションフローを変えずに実装できますから。

いっそのこと、メールをやめるのも一考

「zipファイル＋パスワード別送」に頼らないセキュリティ対策はいくらでもあります。S/MIMEやPGPなどの技術を使うやり方もあります。

あるいは、メールをやめるのも一考です。今の時代、クラウドのオンラインストレージやグループウェアを使ってスピーディに相手とやりとりしている組織も増えてきています。

百歩譲って、はじめてやりとりする相手とはメールでやりとりするにしても、継続的にコミュニケーションする相手とはグループウェアなどで信頼関

第7話 白ヤギさんと黒ヤギさん、ふたたび

係を結び、その中でパスワードをつけずにスピーディにやりとりする。場所や時間を選ばずに情報共有できる環境を整える——それが、迅速なコラボレーションを可能にします。

メールは、なにかと厄介です。たとえば、メールフィルタ（特定の条件に合致したメールをサーバーが退避または削除する仕組み）。「いままでフツウに送れていたメールが、ある日突然、相手方のメールのサーバーフィルタのポリシー（判断基準）が変わり、届かなくなる」こともよくあります。

「メール送りました」
「いや、届いていません」
「再送します」
「やっぱり、届きません」

このやりとり、無駄どころか、お互いの信頼関係も悪くします。

あるいは、サイズの大きいファイルを送った直後に"file size exceeded"（ファイル最大サイズオーバー）の自動返信を受け、切ない気持ちになることも。急いでいればいるほど、無駄にイラっとさせます。メールはなにかと空気を読んでくれず、ビジネスの足を引っぱるのです。

最後に1つ、あなたに質問です。

質問 あなたの勤める会社（官公庁、自治体）組織は、PPAP組織ですか？
はい／いいえのどちらかで答えてください。

「はい」と答えた方。ゲンバからでも声を上げて、この「仕事ごっこ」を優しくなくしていきましょう。もちろん、PPAPとて、生まれた時は合理性があるものだったかもしれません。しかし、時代が変われば、環境も変わる。気がついたらリスク要素満載の慣習に化ける。そういうものです。

なにより、日本の狭い世界の中で、情報を送るほうと受け取るほう、ともに業務効率とモチベーションの足の引っぱりあいを続ける。それでは、いつまでたっても生産性もモチベーションも、そして国力も上がりません。

> 本章はFacebookのグループ「くたばれPPAP！」に集う、情報セキュリティの有識者の皆様にご協力、監修いただきました。

待ちに待ったパーティーの日。黒ヤギさんは、いっちょうらをまとい、山をこえて、谷をこえて森のレストランにやってきました。

「やあ、黒ヤギさん。よく来てくれたね!」

　白ヤギさんはうれしそうにおむかえします。

　その時です。ふたりの背後から、のぶとい声がきこえてきました。

「……ふふふ、待っていたよ。ぼくのいとしい、ごちそうちゃんたち♪」

　なんとそこには、大きなオオカミのすがたが!

「えっ……な、なんで、オオカミがここに？」

　白ヤギさんも、黒ヤギさんも、目をまるくします。

　そう。オオカミは、ふたりのやりとりを盗み見していたのです。白ヤギさんがおくった、ぱすわーどの書かれた手紙を読み、箱をあけて地図をこっそり手にいれていました。

「では、いただきます。ガオー!」

　ふたりは一目散に、森のおくへとにげだしました。

第8話
おはなしをきいてもらえない、すずめさん
~いまどきテレアポのみで営業をかける人たち

「チュンチュン、チュンチュンチュン」

　すずめさんたちは、朝から大忙し。きょうもパタパタと羽を鳴らしては、道ゆくどうぶつたち、森ではたらくどうぶつたちに声をかけます。カラスさんの作った「エスイーオーたいさくサービス」を知ってもらい、買ってもらうためです。

「チュンチュン、チュチュチュン、チュン」

　すずめさんは、クマさんの耳元でさえずりました。畑に向かう途中のようです。しかし、まったくお返事をしてくれません。「だれだおまえ」ってかおで、ちらっとこっちを見ただけ。

「チュチュチュン、チュン」

　それでもあきらめずに、一生懸命さえずりましたが、なしのつぶて。クマさんは顔をあわせてもくれません。

「しかたがない、ほかのどうぶつに声をかけよう！」

　きもちを切りかえ、すずめさんはクマさんの耳元をはなれます。

　しばらく飛んでいると、うしさんが歩いている姿がみえました。のっそりのっそり、にぐるまを引いています。すずめさんは、さっそくうしさんに近よります。

「チュンチュン、チュチュチュン」

　チカラをふりしぼって、元気いっぱい鳴きました。ところが、うしさんも歩みをとめてくれません。

第8話　おはなしをきいてもらえない、すずめさん

「チュチュチュチュチュン！」

　すずめさんは、うしさんの大きなお顔の前を行ったりきたり。その時、ようやくうしさんが口を開きました。

「もうー、いい加減にしてくれないか！」

　まさかのどなり声。すずめさんは、おどろいて羽ばたきをやめます。

「見てわからないかい。ぼくはいま仕事をしているんだよ。気がちって、にぐるまをぶつけてしまったらどうするんだ。じゃまをしないでおくれ！」

　うしさんは、そのまま行ってしまいました。

「しかたがない。もしかしたら、時間がよくないのかもしれないな」

　すずめさんは、おやぶんから教わった「ようちあさがけ（夜討ち朝駆け）」という言葉を思いだしました。夜、どうぶつさんのおしごとが終わった後に声をかけることにしました。

　日が沈みました。すずめさんたちは夜がニガテ。暗くなると、とたんにものが見えなくなるのです。それでも、がんばらなくてはなりません。"きあい"と"こんじょう"があればなんでもできる、そう教わりました。

　すっかり夜もふけたころ、うしさんがにぐるまをひいて、おうちに帰ってきました。

　──いまだ！

「チュンチュン、チュチュチュチュン」

かまわず、うしさんは門をあけておうちの中に入っていきます。すずめさんも、いっしょにすべりこみます。

「チュンチュチュチュン！」

　――もうお仕事はおわったでしょう。いまならお話聞いてくれますよね？

　そう言いかけた時。うしさんは、だるそうな声で言いました。

「仕事で疲れていてね。きょうはもう一、休みたいんだ。おねがいだから、静かにしていてくれ！　ゆっくり本を読んで、眠るんだ」

　――そうか、僕のなき声はやかましいのか……

　はたと気づいたすずめさん。あしたからは早起きして、やさしくさえずるれんしゅうをしようと決心しました。

電話で営業、それって「仕事ごっこ」では？

　テレアポ。業界によっては、電話はいまもなお、営業の手段として主流のようです。営業担当者は、電話帳（あるいは名簿販売業者から購入したと思しきリスト）を片手に、「あ」から順に手あたり次第に企業の代表電話をひたすらかけまくっています。

　この方法、はたして効率がいいといえるのでしょうか？　ほかに通信手段がなかった昭和の時代ならさておき、平成も終わった21世紀。電話の営業＝仕事ごっこかもしれません。

変わりつつある、電話の位置づけ

　そもそも、電話の位置づけが変わりつつあります。電話を使った振り込め詐欺などが社会問題になりつつある昨今、見知らぬ相手からの突然の電話＝「不審」扱いされます。いまやメッセンジャー、チャット、メールなどITを使った手段が主流であり、電話は……

・親しい人との、合意のもと（時間帯、日時などを決めた）のコミュニケーション手段
・緊急連絡手段（子どもが通う学校や保育園からの呼び出し、お得意先との当日の待ち合わせの連絡など）
・ITツールを使いにくい／使えない環境にある人の連絡手段

　すなわち、すでに信頼関係を構築した相手とのコミュニケーション手段の意味合いが強くなりつつあるのです。

電話で、本来のターゲットにリーチできるの？

　見知らぬ人からの、突然の電話。相手にいぶかしがられて当然、さらに……

・相手がそのタイミングで電話に出られる可能性

・相手が話を聞いてくれる可能性
・相手がその商品やサービスを必要としている可能性
・相手が意思決定できる可能性

　これらの可能性をかけ算すると、電話による営業の効率は、いよいよ疑問です。

「オレたちは電話営業で成功してきた！」
「営業は、電話してナンボ！」

　そうですか。それはそれは、よろしいことで……。

「ならばIT導入だ！」
いやいや、ちょっと待ってください

　かけるほうも、かけられるほうもつらい、電話の営業。気がつけば、1人、また1人と、営業担当者が辞めていく。一生懸命、商品知識を身につけても、営業トークのロールプレイをしても、使う機会がない。相手に説明する以前に、電話に出てもらえない、あるいは電話を切られてしまうのだから。

「営業担当者に電話をかけさせるのはやめよう！」

　心ある経営者はこう決心します。そして、ITで解決しようとします。と、そこまではいいのですが……

「オートコールを導入しよう！」

　オートコール＝自動音声によるセールス電話。電話に出ると、機械化された自動音声が淡々と話しかけてくる。これ、むしろ相手にとっては逆効果な気がしてなりません。あなたもありませんか？　忙しい中、電話に出たら、自動音声が語りかけてきて、イラッとして切った経験が。

第8話　おはなしをきいてもらえない、すずめさん

「あなたたちだけラクして、こっちの都合は無視かよ！」

　こんなひと言もいいたくなるのです。場合によっては、その会社、製品、サービスのブランドイメージを毀損します。

突然の電話は、相手の時間と集中力を奪う

　テレアポだけではありません。突然の電話があるたび、相手は作業を中断させられます。集中力も奪われます。本人がいなければ、予定を確認したり、メモを残したりと、まわりの人に無駄な間接業務を発生させます。しかも、かけ手の都合で、突然に。中断時間は2～3分程度であっても、作業や集中力が分断されてしまうインパクトはバカになりません。

・作業をどこまで進めたか、忘れてしまうリスク
・それまで何を考えていたか、思い出す手間（思い出せなくなることも）
・気持ちを切り替える手間

　これらのリスクや手間が発生します。電話による中断が、作業ミスを発生させることも。すなわち、仕事の安全や品質にも影響します（プライベートでも、「電話対応に気をとられて財布を置き忘れた！」などのトラブルはめずらしくありませんね）。

「メールを送ったら、すぐに電話をする」行動を、ビジネスマナーであるかのごとく語る人もいます。しかし、そのメールを送りたいのは、あなたの都合でしかありません。緊急連絡はさておき、送り手の都合だけで、一方的に相手の時間と集中力を奪うのはいかがなものでしょう？
　テレアポのように、見ず知らずの人にほしくもない情報を押し売る行動はもちろん、すでに信頼関係を構築した相手であっても突然の電話は慎重になりたいものです。

電話が組織内の情報格差を生む

　電話は、組織内での情報格差を生むリスクもあります。日本では、部署ごとに代表電話を設け、部署単位で外からの電話を受けて、内線で各自に転送する仕組みの職場が目立ちます。そんな組織では、次のメカニズムで、電話で受けた情報が組織内に共有されにくくなります。

・代表電話に電話がかかってくる

・年功序列の暗黙のルールのもと、新入社員など年齢の低い人が受けることになっている。役職者は電話に出ない（そもそも席にいないことも多い）

・応対者が受けた情報が、スピーディに本人に伝わらない

・「伝言」の過程で、情報の精度が落ちる

　このようにスピードと精度、両面のデメリットを生みます。
　さらに、「どんな問い合わせを受けているのか？」「だれからかかってきているのか？」といった現場のリアルを、上長が把握しにくくなります。
　とはいえ、代表電話を廃止して個々人に電話番号を付与し、直接受けられる仕組みにすると、今度は……

・各自が電話対応しなければならず、突然、集中力と時間を奪われる
・職位や年齢の上下にかかわらず、各自の情報が組織内に共有されにくくなる

　このようなデメリットが生まれます。

電話は同期型のコミュニケーション。非同期型のコミュニケーション手段も活用しよう

　そろそろ電話ありきのコミュニケーション、見直しましょう。

電話は、同期型コミュニケーションです。送り手と受け手が、そのタイミングにお互いの都合や関心が合う場合において、その場限りのコミュニケーションをおこなう手段としては適しています。一方、メッセンジャー、チャット、メールなどのITを活用したツールは、非同期型コミュニケーションです。お互いの都合のいいタイミングで発信して受信する。関心のない情報はスルーできる。なおかつ、履歴が残るため、後で確認したり、保管して備忘録や組織のノウハウとして蓄積することもできます。場にいない第三者への共有や引き継ぎもしやすいです。

「ウチの職場は、IT がニガテな人が多くてね」
「パソコンもモバイルデバイスもないんだよね」

であれば、ホワイトボードを置いてみてはいかがでしょうか？　同じ職場内のコミュニケーションであれば、ホワイトボードに手書きのメッセージを残す運用が考えられます。
　気づきや申し送り事項を付箋に書いて詰所のホワイトボードに貼り、それをみんなで見るようにするだけでも、時間を超えた情報共有が可能になります。昼シフトのメンバー、夜シフトのメンバーなど、異なるシフトのメンバー間でのコミュニケーションもしやすくなりますね。
　営業活動もしかり。

・SNS など Web を活用して情報発信を増やす
・イベントやコミュニティなどを積極的に運営／参加して、ファンを創出する

　このように、新たなマーケティングやブランディングに取り組み、電話に依存しない営業スタイルを実践している企業もあります。
　コミュニケーション手段も、アップデートと使いわけが肝心。デジタルもアナログもうまく使いこなし、時代遅れの「仕事ごっこ」に陥らないようにしましょう！

第9話
里のかえると都会のキツネ
～相見積もり、コンペ、提案泥棒

里にかえるの一家が住んでいました。6匹のおやことしんせきは、みんな手芸がとても得意。もちまえの発想力と技術をいかして、服やカバンを作っては売って、楽しくくらしていました。

　あるとき、1通の手紙がとどきました。

「かえる殿、あなたの作る服に大変興味をもちました。ついては、私たちのかいしゃの制服として購入いたしたく、とうしゃにおこしください」

　それを見たお父さんかえる、驚きのあまり、ピョーンととびあがりました。

　さしだしにんは「きつね商事」。3,000匹のしゃいんが働く、だいきぎょうです。こんな大きなかいしゃから、声がかかるなんて！

「すごいね！」
「がんばって、いいものをたくさん作らなくちゃ！」
「あたし、ざいりょうのわらをいっぱい仕入れてくるからね！」

　お母さんかえるも、子どもたちも、しんせきかえるも、みんな大喜び。お父さんかえるは、さっそく新しいスーツを作り、町に行くじゅんびをしました。

　ひとばんかけて、町にやってきたお父さんかえる。「きつね商事」のおおきなたてものの門をくぐりました。

「どうぞ、こちらでお待ちください」

　お父さんかえるは、小さなきつねに待合室に案内されました。なんと、そこには……

　ヘビ、トカゲ、リス、ねずみ、こうもり……。ほかの動物たちもいるでは

ありませんか。聞けば、みんな服を作るお仕事をしているそうです。

　　──これは、いったい……

　そのとき、奥の扉がバタンと開きました。メガネをかけたきつねがやって
きて、かみ座のソファにドカッと座ります。

「みなさんのうち、いちばん安い金額で作ってくれるところから服を買いた
いと思います。それと……」

　　──え、僕たちの服を気に入って選んでくれたんじゃなかったの？

　大きな目をパチクリさせるお父さんかえる、きつねはなにくわぬ顔で続け
ます。

「みなさんの足のはやさも見たいです。いまから、この庭を走ってください」

　どんなに安くても、足のおそいところからは買わないとのこと。みんな、
ブツブツいいながら、庭に出てスタートラインに並びます。

「いちについて、ようい、ドン！」

　はあはあ、ぜえぜえ。いったいなんで、わざわざ町にまで来て、こんな苦
しい思いをさせられなければならないんだろう。お父さんかえるは、走りな
がらとても悲しい気持ちになりました。

「おつかれさまでした。結果は、後日こちらから連絡します」

　帰るころには、すっかり日がくれていました。力をうばわれたお父さんか
えるは、もうヘトヘトです。それでも宿代がもったいないので、そのまま歩

いて帰ることにします。

　——この時間で、僕たちの服やカバンを本当に気に入ってくれる人たちに、どれだけつくすことができただろうか……

　帰りを楽しみに待っているかぞくやしんせきの顔が頭に浮かび、とても申しわけないきもちになりました。

「もう、きつね商事とはつきあわない」

　お父さんかえるは、そうココロに決めました。

毎回必ず「相見積もり」、
それも立派な「仕事ごっこ」

「当社は、必ず複数の取引先から相見積もりを取得するルールになっています」

　このように謳う企業があります。鉛筆1本購入するにも、1,000万円単位の設備を購入するにも、かならず相見積もりをする。例外は認めない。「コンプライアンス強化」「コストセービング」がうるさく言われる昨今、わからないでもありません。一方で、現場からはこのような声も聞かれます。

相見積りを依頼する側の声「毎回毎回、相見積もりの手続きに手間がかかる」
「見積もり依頼書、見積書などムダな書類作業が増える。勘弁してほしい」
「発注するつもりのない相手に見積もりを依頼するのがココロ苦しい」

相見積りを依頼される側の声「見積もり作成にも稼動やコストがかかる。発注する気がないなら依頼しないでほしい」
「だったら、相見積もりをしない会社とつきあう」

　なおかつ、押印された見積もり原本（紙）を求める企業もあります。決裁者をつかまえて押印してもらったり、郵送するための手間や時間——これらもバカになりません。
　百歩譲って、人手がありあまっており、かつ相見積もりに参加してでも受注したいモチベーションが働くならばいいかもしれませんが、いまやどの業界も人手不足。発注してくれるかどうかわからない相手に、わざわざ手間ひまかけて、安値の見積もりを出す余裕はない時代です。それならば、名指しで発注してくれる相手と仕事をしたほうがいいに決まっています。
　にもかかわらず、「決まりだから」と相見積もりをやめられない企業も。しかし、「当て馬」行為（＝発注するつもりのある「本命」の取引先の金額を下げさせるために、発注するつもりのない競合他社からも見積もりを取得

する行為）を繰りかえしていても、やがて相手は見積もりを出さなくなります。

「最近、見積もりを辞退する取引先が増えてきまして……」

　都内のある大手企業の調達担当者は、こう嘆いていました。
　相見積もりを取得する慣習は、もはや「仕事ごっこ」かもしれません。

度の過ぎた「相見積もり」や「コンペ」は、自社ファンを失う原因

　考えてもみてください。「相見積もり」にしても「コンペ」（複数の企業のアイディアなどを比較検討して、取引先を選定する行為）にしても、発注するかどうかわからない相手の労力や頭脳を使う行為です。見積もるために、相応の技術力を必要とする場合もあります。建築やデザイン、IT システムの企画開発、広告宣伝やクリエイティブなど、アイディアを出したり、設計図面を作るために、相当の人件費がかかる領域もあります。さらには、二次請け、三次請け、フリーランスなど、その先に見えない多くの人も汗をかいています。それらの人たちに、報われないタダ働きを発生させている可能性があるのです。

「そんなの、営業活動のうちでしょう」

　とはいえ、少子高齢化の労働力不足の時代、利益を生まない行為を“慣習”の名のもとに放置するのはいかがなものでしょうか。
　形骸化した「相見積もり」や、度の過ぎた「コンペ」。これらは、同じ国内にあって、企業同士をムダに戦わせて疲弊させ、生産性の足を引っぱりあう行為ととらえることもできます。なかには、コンペで取引先から無償で提案させたアイディアを、別の取引先に開示して、安く見積もりさせる悪質な企業もあるようです。いわゆる「提案泥棒」。最低の行為です。
　そんなことを繰りかえしていたら、日本の産業は疲弊しますし、あなたの会社に協力してくれる取引先、すなわち自社ファンもどんどん減っていきます。

第9話　里のかえると都会のキツネ

「相見積もりお断り」「コンペには参画しない」

　最近、このようなポリシーを掲げる中小企業も増えてきました。大切な社員や、協力会社を守るためには仕方がありません。

それでも「相見積もり」「コンペ」をする場合は、ジェントルに

　そうはいっても官公庁や自治体、あるいは大規模な投資案件の場合には、相見積もりやコンペが妥当とされるケースもあるでしょう。せめて、以下の気遣いはしたいものです。

ペーパーレス／非対面に積極的に

・押印不要
・電子ファイル OK
・リモートでの対応 OK

　これらは、相手の時間や手間を無駄に奪わないための、ジェントルな配慮でしょう。
　相手方に提案を求めるのであれば、呼ぶのではなく、あなたから相手先に出向くことも考えたいものです（とはいえ、物見遊山での「視察」は相手の時間を奪うだけなので、これまた十分な配慮を）。

提案料を支払う

　その提案には、相手とその先の人たちの労力や技術が発生しています。コンサル料や提案料を支払ってもいいのではないでしょうか（建築のデザインのコンペなどでは、きちんと提案料をすべての提案社／者に支払っているケースも）。
　コンペに参画してもらう＝企画や構想をアウトソースする行為です。いい提案を求めたければ、お金を払う――それが、（大）組織の「徳」でしょう。

プロセスを明確にする

　それが「相見積もり」「コンペ」であることはもちろん、提案／見積もり依頼～発注先決定～契約締結に至るまで、どのようなステップおよびスケジュールで進むのか？　プロセスを明示しましょう。相手はプロセスの長さや、手続きの煩雑さに応じて、（相見積もりやコンペに）参画する／しないを判断できますし、見積もり金額に適切にリスクを載せられます。

　また、選定の進捗状況は積極的に連絡し、期日は必ず守ること！

「後日連絡します」
「決定日を延ばします」

　このようなモヤモヤは、相手に不信感を与え、次回以降協力が得られなくなります（あなたの後任の担当者が苦労することも）。

スピーディに意思決定する

　コンペの期間中、相手は人的リソースや在庫を、あなたのために確保し続けることになります。意思決定は、極力スピーディに。そのためにも、本書の第1話からもう一度読み直して、迅速な意思決定を邪魔している慣習やルールはどんどんなくしていきましょう。

　これらはいずれも、名刺の渡し方、メールの書き方、エレベータの乗り方などより、よっぽど大事なビジネスマナーといえるでしょう。

「お客様は神様だ」

　日本特有のこの発想、そろそろあらためなければなりません。取引先を含む、社外のファンを大事にしない組織は、そっぽを向かれる——そういう時代です。また、

「取引先に対して横柄にふるまう経営者は信頼できない」
「自社の看板にあぐらをかいている上司のふるまいが、とても恥ずかしい」

第9話　里のかえると都会のキツネ

　企業の中堅層や若手からは、こんな声も聞かれます。すなわち、取引先をないがしろにする組織は、中の人たちからの信頼も失うのです。
　時代は「取引」から「協創」へ。形骸化した相見積もりやコンペは、協創相手を遠ざける一方です。

　あれから3週間ほどたったでしょうか。ふたたび、キツネ商事の担当者から連絡がありました。

「かえるさん。わたしたちはとても困っています。だれも協力してくれません。どうやら、みんなに嫌われてしまったようです……」

　電話ごしに、頭をペコペコさげているキツネの姿が浮かびます。お父さんかえるは、こう言いました。

「そこまでおっしゃるのなら、キツネさん。一度、里におこしになりませんか？　僕たちがどんな思いで服を作っているか、見ていただきたいのです」

よくじつ、キツネは山をこえ、谷をこえてやってきました。そこには、せっせと働くかえるたちの姿がありました。小さなかえるも、大きなかえるもみんな、いい服を作ろうと、それぞれの持ち場で一生懸命に汗をかいています。そのほこらしい姿を見て、キツネは心を動かされました。

「わたしたちは、みなさんにとても失礼なことをしていました。もし、おゆるしいただけるのであれば、かえるさんから服を買わせてください」

　かえるのお父さんはにっこり笑顔で、キツネとあくしゅをしました。

第10話
忙しそうな、にわとりさん
～年末年始の挨拶や表敬訪問

にわとり主任は、今日も姿が見えません。次から次にお客さんがたずねて来るためです。ほぼ１日おうせつしつにこもって、お茶を飲みながらお話をしています。お茶をだすハトさんは、どたばたと大忙し。

　それもそのはず。年があけ、「えいぎょうさん」がねんしのあいさつに来るためです。いまもダチョウさんがやって来て、にわとり主任とわいわいガヤガヤ。

　こまったのは、部下のひよこさんたち。

「仕事のそうだんができないピヨ」
「ハンコをもらえないピヨピヨ」

　にわとり主任がつかまらないので、いっこうにお仕事が進みません。中には、かぞくの世話をしなければならず、ざんぎょうができないひよこさんもいます。

「こまったわ。いっこくもはやく、にわとり主任に仕事のほうこくをして帰りたいのに…」

　しかし、にわとり主任がおうせつしつから出てくるけはいはまるでありません。ひよこさんたちは、ソワソワしています。

　──ジリリリリリ

　その時、電話のベルがなりました。小さなひよこさんがじゅわきを取ります。おとりひきさきのブタさんからです。

「これから、にわとり主任にあいさつに行きたいのですが。お時間いただけないですか？」

第10話　忙しそうな、にわとりさん

今日はむずかしそうだと、小さなひよこさんは伝えました。

「それはこまりました。じつは『なにがなんでもお客さんにあいさつまわりしてこい。えいぎょうだろ』って社長から言われていまして。行かないと、怒られるんです……」

3分だけでいいですから、とブタさんは必死でたのみこみます。そういえば、先月も同じようなようすでした。たくさんの「えいぎょうさん」が、ねんまつのあいさつに来て列をつくっていましたっけ。その中にブタさんの姿もありました。ねんまつとねんし、2回も来て、そんなに話すことがあるのかしら？　ひよこさんたちは、首をかしげます。

「コケーッコッコッコ」

にわとり主任の楽しそうな笑い声が、壁のむこうから高らかに聞こえてきました。

95

形骸化したやりとりが、
相手と自分の時間を奪う

　年末年始の挨拶回り。これも、形骸化した「仕事ごっこ」かもしれません。
　もちろん、用件があればいいのです。季節感に則って、仕掛かり中の案件の状況を共有したり、最新の製品やサービスの話をインプットする。その際、カレンダーを手渡す。意味がないとはいえません。しかし、「年末だから」「年始だから」ただそれだけの理由でお互いの時間をあたりまえのように消費するのは、そろそろいかがなものでしょうか?

「挨拶回りに行かないと、上司から叱られる」
「挨拶に行きたいから、先方と調整してアポをとれと本部長がうるさい」

　こんな本音を漏らす営業担当者もいます(筆者も勤め人時代、お取引先の営業さんから「どうしても挨拶させてくれ」と懇願されたことがありました)。ああ、仕事ごっこ!
　年末と年始、それぞれのタイミングで挨拶に来たがる営業担当者もいます。「そんなに来られても話すことなんてない」と思いつつ、上司の顔をチラっと見てみると……

「応接室、予約しておいてね」

　まんざらでもなさそう……。こうして今日も貴重な仕事の時間が、雅な時間に奪われていきます。

「仕事した感」がむなしい「消化試合」を
加速させる

　挨拶回り、表敬訪問、あるいは視察。この手の慣習は、なかなかなくなりません。なぜなら、するほうもされるほうも「仕事した感」に浸れるからです。

第 10 話　忙しそうな、にわとりさん

「スーツを着て、応接室でお茶を飲みながらお取引先と談笑する」

　なかなか「ビジネスしている感」が漂っているではありませんか。
　さらに、お互い勤務時間を適度に消化できます。まるで「消化試合」。こうして、今日もなにも生まない挨拶回り、表敬訪問、視察があたりまえのように計画され、実施されます。
　その間、本来の仕事は止まったまま。知ったことではない、それも自分たちの「仕事」だから。中には、たとえば

「12月は挨拶回りで忙しくて当然。"師走"って言うくらいだから」

　という人も。いやいや、わざわざ師走モードに乗っかって忙しくしなくたって、ムダな慣習は止めてラクにしましょうよ……。
　本来の仕事を進めたい部下や関係者にとっては、たまったものではありません。

・稟議を決裁してもらえない
・仕事の相談ができない

　今日決裁してもらえれば、あるいは相談ができたら、明日お休みできるのに……。雅な消化試合に、一生懸命仕事したい人たちを巻き込んではイケマセン！

ビジネスと雅、いったん切り離しましょう

「当社は、年末年始のご挨拶はいたしません」

　こうしたポリシーを掲げる企業も、少しずつですが増えてきました。それが、社員と相手の貴重な時間を奪うと気づいたからです。働き方改革ブームの中で、生産性に対する意識が変わってきたともいえるでしょう。顧客企業側も、

97

「年末年始のご挨拶はご遠慮願います」

　と明言するケースも。日本では顧客と営業担当者の関係においては、まだまだ顧客の影響力が強い。挨拶回りや表敬訪問、営業担当者から「やめます」とはなかなか言いにくいもの。とはいえ、この手の慣習は顧客側の時間も奪います。この際、顧客側から「ご遠慮願います」「お受けしません」と明言するのも、建設的な解決方法です。
　日本古来の雅な文化。時間にも人的リソースにも余裕があった時代であれば、それをビジネスの場で嗜むのもよかったのかもしれません。しかし、いまは残念ながらそうではありません。

・むやみに相手を呼びつける
・あたりまえのように、毎回対面の打ち合わせ
・その打ち合わせの日程すらなかなか決めない
・「事前の顔合わせのご挨拶」

　時間や予算に余裕のある大企業の人たちにとっては「いい消化試合」（その時間、お給料支払われますし）になっても、相手（とりわけ、零細事業者やフリーランス）にとっては「タダ働き」である可能性も。移動時間も打ち合わせ時間も、すべて無駄です。やがて、相手は協力してくれなくなるでしょう。あるいは、高い金額を提示せざるをえなくなります（百歩譲って、あなたたちの雅に相手を付き合わせるなら、それに見合ったお金をお支払いしましょう）。
　雅にはコストがかかります。

「相手の時間やビジネス機会、成長機会を奪わない」

　働き方改革とは、そういうことです。
　ビジネスと雅は、いったん切り離しましょう。

第11話
町のどうぶつえん
〜ダイバーシティごっこ

町に大きなどうぶつえんができることになりました。名前は「ダイバーシティどうぶつえん」。えんちょうさんは、大はりきり。

「いろいろな動物がしあわせにくらせる、楽しいどうぶつえんにするんだ」

　こうして、せかいじゅうからさまざまなどうぶつが集められました。ライオンにトラ、ゴリラにオランウータンにチンパンジー、キリンやシマウマ、パンダにコアラ、ヘビやワニ。園の大きなしきちに、次から次にどうぶつがやってきます。明日になれば、ワシやフクロウもやってくるそうです。

　えんちょうさんは、すべてのどうぶつがいきいきとくらせるよう考えました。サバンナのどうぶつたちが思いきり走りまわれるように、雪ぐにのどうぶつがあつくないように、夜かつどうするどうぶつが昼間ゆっくりねむれるように。小屋をつくって、広場をつくって、餌場や、小高い丘や穴ぐらももうけてあげたいな。
（個部屋）（オープンスペース）（カフェコーナー）（リモートワークのしくみ）

　ところが、えんちょうさんのアイディアに異をとなえる人がいました。このどうぶつえんのオーナーです。

「なにもしなくていいよ。どのどうぶつもみな、1つのおりに入れておけばいいさ」
「ええ、でもそれではどうぶつたちが……」
「いろんなどうぶつを集める、それさえできればイイんだ。キミはよけいなことを考えなくてよろしい」

　こうして、大きなおりのなかに、すべてのどうぶつが入れられました。

　こまったのは動物たちです。

「ライオンがこわくて、自由に動きまわれないよ……」
「やこうせいのどうぶつがうるさくて、夜ねむれない」」

第 11 話　町のどうぶつえん

「となりでインコがピーチクパーチク、おしごとがはかどらないんですけ
ど！」
「いつか、ヘビに食べられるんじゃないか？」
「おやつのバナナ、すばやいチンパンジーにいつも持っていかれてしまう。
おなかへったよ……」
「あつくてあつくて、私たち毛皮（スーツ＆ネクタイ）をまとった動物にはたえられません！」

　おりのなかで、みなイライラしています。

　しゃべりがじまんのオウムも、まもなく話さなくなってきました。リスや
野うさぎなどのちいさなどうぶつは、おりからとびだして、改善提案（転職）
ほかのどうぶつえんに。ワニとトカゲは、森にかえっていきました。（前職に戻って）

　みんなそれぞれのとくぎやこせいをいかせず、シュンとしています。いき
いきするどころではありません。お客さんの数も、日に日にすくなくなって
いきました。

「ちがう。私がのぞんでいた世界は、こんなんじゃない……」

　悲しんだえんちょう。ある日、にもつをまとめてそっと旅立ってしまいま（転職して）
した。

101

多様な人たちを"集めただけ"、
いつまで続けますか？

> ダイバーシティ経営＝「多様な人材を活かし、その能力が最大限発揮できる機会を提供することで、イノベーションを生み出し、価値創造につなげている経営」
>
> （経済産業省の Web サイトより）

　日本でも、ダイバーシティ経営の取り組みが盛んになってきました。人事部門の施策で、あるいは独自に「ダイバーシティ推進室」を立ち上げ、さまざまな属性や価値感を持つ人たちを採用する組織も増えつつあります。

「女性活躍の推進」
「外国人採用の開始」
「中途採用の拡大」
「フリーランスの登用」

　ダイバーシティは、組織の活性化や効率化の促進に大いに寄与します。いままでとは異なる価値観や視点を持っている人たちが活躍することで、新たな製品やサービスを生み出したり、これまで考えられなかったマーケットに進出できるようになります。また、さまざまな特性を持った人が入ることで、それまでの「あたりまえ」が改善され、だれもが働きやすい職場に変わった工場や飲食業の現場もあります。ダイバーシティは、組織風土改革の強い後押しにもなるといえるでしょう。
　一方、多様性を期待されて入社した人たちからは、こんな声が聞こえてくることも。

「相変わらず９時〜17時の固定勤務で、残業もあたりまえ。時短勤務も、在宅勤務も認められずで、つらい！」
「なぜ、日本の会社の新入社員は電話対応とコピーから始めなければいけないのでしょうか？　ほかの国の会社の若手と、実力の差がつきます」

第 11 話　町のどうぶつえん

「学生時代、ベンチャー企業とのコラボレーションで、新サービスのマーケティングや企画も数をこなしてきた。マーケティングやサービス企画がやりたくて入社した。なのに、配属されたのは営業管理部門……」

「成果を出しているのに、いつまでたっても役職を与えてもらえない。チャレンジできない……」

「中途で入社した。有給付与日数が少なすぎて、子どもの体調不良や学級閉鎖が不安すぎる。毎日が綱渡り……」

「エンジニアとして入社したのに、PC のスペックが低く、モニターも小さすぎて、活躍できない！」

「クラウドストレージは利用禁止。メールの添付ファイルの容量制限は3MB。ウチのチームは、在宅勤務をしている人も、委託先の人もいるのに、どうやりとりせいと……」

　多様なバックグラウンドの人たちを、ただ集めただけ。いままでの慣習や制度はあらためません、なくしません。

「あなたたち固有の事情は知りません。私たちのルールに合わせてください」

「私たち、活躍できません！」多様な人たちの活躍を邪魔するモノを排除しよう

　残念ながら、このような"ただ多様な動物を寄せ集めただけのサファリパーク"状態の「ダイバーシティごっこ」組織が目立ちます（もとい。サファリパークのほうが、多様な動物がそれぞれ個性を発揮して暮らせるよう工夫していますよね）。

　これはあんまりではないでしょうか。何より、せっかく来てくれた多様性のある人たちが、いつまでたっても活躍できません。すぐに離職してしまって当然です。この状況は、組織へのエンゲージメント（帰属意識や愛着）低下、ひいては日本そのもののブランドイメージ低下にもつながります。

　なにより、ダイバーシティそもそもの目的が達成されていない。多様な人たちを集めることが目的化し、だれも幸せにならない結果を招いているのです。

見渡せば、多様な人材が活躍する足を引っぱる慣習や制度が「あたりまえ」「常識」の皮を被って居座っています。

- 年功序列の昇進制度
- 9時〜17時オフィスの固定勤務
- 執務は固定席で、会議は会議室で
- 定時に帰りにくい雰囲気
- 中途入社への有給休暇付与日数が少ない
- 満員電車の通勤
- 週5日の固定勤務
- 職種問わず、パソコンのスペックもモニターの枚数も同じ
  （しかも低スペック）
- スーツ＆ネクタイ、パンプスなどフォーマルウェアの強制
  （規定として明文化していなくても、同調圧力あり）
- 従業員に拒否権のまったくない、一方的な転勤制度
- 総合職は「〜すべき」、正社員なのだから「〜して当然」
- 契約社員、派遣社員、パートナースタッフは会社が提供するサービスを利用できない

　挙げればキリがありません。
　かつての、労働集約型、かつ1社で定年まで勤めあげればその後も（家族ふくめ）豊かな生活が保障される社会構造であれば、合理的だったかもしれません。しかし、いまはそうではない。

- 家事や育児や介護をしながら働かなければいけない人
- 転居できない人
- 遠距離通勤が難しい人
- 残業削減の影響で生活費を工面するために副業せざるをえない人
  （本業だけで豊かな生活ができるよう、組織側もビジネスモデルをあらためてほしいと思いつつ）
- キャリアアップするために自己研鑽をしたい人

　さまざまです。転職して他社でも生きていけるよう、スキルを磨きたい人

も増えています。育児休暇後も活躍できるよう、あるいは定年後も雇用され続けるように、ほかで通用するスキル（いわゆる「ポータブルスキル」）を身につける必要性も高まりつつあります。外国籍の社員も増えてきました。そのような変化の時代にあって、旧来の慣習や制度は、もはや私たちの足を引っぱっているかもしれない。合理性のある慣習や制度はさておき、そうでないものはそろそろ終わりにしたいですね。

　正しく活躍して、正しく価値を発揮できる。

　ダイバーシティ本来のゴールは、そこのはず。本質に立ち返り、邪魔するものは少しずつでも排除していきましょう。

　STOP「ダイバーシティごっこ」！

第 12 話
女王アリと働きアリ
〜「管理職ごっこ」
「管理職ヅラしてマウンティングする人たち」

アリの王国のおはなし。たくさんの働きアリたちが、今日もせっせと働い
ています。みんな、国をよくしようといっしょうけんめいです。

　巣の奥には、大きな女王アリがいます。ほぼ1日中、部屋にこもっていて、
働きアリの前に姿を見せることはほとんどありません。ごくごくたまに、え
らいアリが部屋に呼ばれて、女王アリにほうこくに行くだけ。ほとんどの働
きアリは、女王アリが何をしているのか、あるいは女王アリの顔すら知りま
せんでした。

　ある日のことです。1匹の働きアリが、異変に気がつきました。まいにち
女王さまのためにと、巣に運んでいる野菜が、今日は何かが違うのです。ど
ことなく、色が黒ずんでいるように見えます。なんだか変なにおいもします。
雨ふりの日が続いたからでしょうか？　なかまのアリには「気のせいだよ」
と言われましたが、気になってしかたがありません。

　しばらくなやんだ、働きアリ。意を決して、女王アリにほうこくすること
にしました。

「トントントン」

　うまれてはじめて叩く、女王さまのお部屋の扉。ノックの音を聞きながら、
働きアリはいままで女王アリにあいさつすらしてもらったことがないことに
気がつきます。

「あの、女王さま……」

　おそるおそる扉を開け、奥のソファにしせんを送ります。ところが、女王
アリはそっぽを向いたまま。働きアリと目をあわせようともしません。

「気になることがあり、ごほうこくが……」

なしのつぶて。今度はななめ上をつんと向いて、ながいマツゲをいじりだしました。

　——やっぱり、僕たちのような働きアリは女王さまに口をきいてもらえないんだな。べつに、じぶんが食べるわけじゃないし、どうでもいいや……

　そう自分自身に言い聞かせ、働きアリはいつもの仕事場に帰っていきました。

　別の働きアリ。新入りの彼もまた、巣の外で働いていていつもとはちがう何かを感じていました。アリクイのけはいを感じるのです。森のかげから、ちらちらとアリたちのようすをうかがっているような、そんなしせんを感じます。ひとたびアリクイにおそわれたら、アリの巣はひとたまりもありません。

「女王さまにお知らせしなくては！」

　そう思った働きアリは、せんぱいアリたちにそうだんしました。ところが……

「はぁ、新入りが何言っちゃっているの？　オレたちみたいな下っぱが、女王さまに話しかけてイイと思ってるの？」
「おまえは、いわれたとおり、目の前の食べ物を運んでいればいいの。よけいなことはしなくてよろしい！」
「かんちがいするな。オレたちは『働きアリ』じゃなくて、『働かされアリ』なの！」

　せんぱいアリたちは、つぎつぎにマウンティングしてきます。

　——せっかく、よくしようと思って言ったのに……

たいそう傷ついた新入りの働きアリ。よくあさ、にもつをまとめて別の王国に旅立っていってしまいました。

　そのまた次の日の朝……

　女王アリとそっきんが、ばたばたとたおれて床にふしました。どうやら、食べ物にあたったようです。幸い、ゲンバかんかくのある働きアリはキケンをさっして食べなかったため、無事でした。ところが、その安心もつかのま……

「シャーッ、シャーッ、シャーーッ」

　とつぜん、アリクイが巣をおそってきました。やはり、アリクイに目をつけられていたのです。働きアリはたたかうことができません。女王アリからも、そっきんからも、指示がないためです。巣はあっというまにやられてしまいました。

第 12 話　女王アリと働きアリ

「管理職ごっこ」が、
成長したい部下を静かに遠ざける

　いまだ、担当者からの仕事の報告や相談を受けつけない、さらには挨拶すら返さない経営者や役職者もいるようです。

「宴会でよかれと思って本部長の隣に座ったら、先輩から『10年早い』と怒られた……」

　このようなため息を漏らす新入社員も。中には……

「部課長からの相談しか受けない」
「正社員としか会話しない」
「派遣社員や外部スタッフとは挨拶すらしない」

　これらをマイルール（？）のように敷いているトップもいるとのこと。
　業務での報告や相談を、すぐ上の上司を飛ばし、さらに上位者におこなうことについては、賛否両論があります。しかし、挨拶さえ返さない、プライベートの会話すら許さないのは、さすがに人としてどうなのでしょう。相手が外部スタッフであれば、自社のブランドイメージを下げます。広報部門がどんなに会社のイメージアップを図っても、台なしです（そのような職場に限って、「ウチの職場は、コミュニケーションが悪い」「社員のモチベーションが低い」と嘆く。そりゃそうでしょう……）。
　この慣習、ズバリ「管理職ごっこ」です。

　管理職らしくふるまうために、コミュニケーションの壁、情報の壁をつくる。
　情報がほしければ、礼儀作法をわきまえて「お前から頭を下げてこい」な空気を作る。

　こうして、風通しが悪く、スピード感のない組織風土がすくすくと育ちます。

本来の仕事に集中して成果を出したい、早く成長したい人ほど、「ごっこ遊び」に愛想を尽かして辞めてしまいます。あるいは良心を殺して、「余計なことはいっさいしない」「言われたことしかやらない」、受け身なスタンスを決め込むようになります。

　そしてある日、経営者や人事部長はこう呟くのです。

「ウチの社員は、当事者意識が低い」

モヤモヤが生む不信感

　この状況、管理職と部下双方のモヤモヤを生みます。

部下⇒管理職のモヤモヤ

「上司に気軽に相談できない」
「ついでに課長に聞けばすむ話なのに、いちいち主任を通さないといけない」
「話しかけるタイミングすら気を遣う」

　モヤモヤは、部下の生産性もモチベーションも下げます。

「部長が何をやっているのかわからない」
「情報がおりてこない」
（とはいえ、「情報をくれ」とリクエストすると嫌な顔をされる）

　これでは、部下は部長に何を期待したらいいのか、自分たちは何をどこまでやったらいいのかも、わからなくなります。仕事に対して、受け身にならざるをえません。

「社長や本部長の顔はおろか、名前すら知らない」

　どこぞの企業でのエピソード。新人社員研修で、社長の名前を書けない新

第 12 話　女王アリと働きアリ

入社員を講師が叱咤したニュースが物議をかもしました。これ、新入社員の問題ではなく、名前や顔を知られていない経営者・管理職のふるまいに問題ありかもしれないですよ。現場に顔を出さない、挨拶すらしないトップや管理職は、知ってもらえなくて当然。「若手が調べて覚えるべきだ」は、あまりに上から目線すぎやしませんか？

管理職⇒部下のモヤモヤ

「部下から報告がない」
「部下が何に困っているのかわからない」

　こうして、管理職は 1 人で部課長席に座って悶々とする……のはまだいいほうで、現場と隔離された個室で安心しきっている "幸せな" おエライさんも。ごきげんよう。
　過度な「管理職ごっこ」。ひかえめにいって、組織のリスクです。トップや管理職は、どんどん現場のリアルが見えなくなります。社内の部下のみならず、派遣社員や外部社員が実質的に現場の業務を回している職種では、これら社外の協力者との壁は致命的。現場からのアラートが上にあがらず、上にいけばいくほど現場の問題が見えなくなる。現場からの改善提案もされなくなる（改善する気概のある人は、ココロを殺して受け身になるか、やる気をなくして辞めるので）。
「管理職ごっこ」による壁は、あなたの組織の迅速な上下のコラボレーション、および健全な組織運営を阻害するのです。

そもそも「管理」って？
管理職のすべきことって？

　日本語でいうところの「管理」は、英語では 3 つに分解できます。

（1）Manage（やりくり）
（2）Control（統制）
（3）Administrate（事務執行）

113

（詳細は『マネージャーの問題地図』（技術評論社）を参照してください）

　あなたの組織ではこの3つがうまく回っているでしょうか？　偏っていませんか？　管理職は、この3つをこなす必要があります。

　メンバーとのコミュニケーションやモチベーションの維持向上は、Manage（やりくり）の仕事の1つ。メンバーに挨拶すらせず、上から指示を出しているだけではうまくいかないのです。

　とはいえ、1人で全部抱えるのも酷なハナシ。管理職も人間です。やりくりは得意だけれど、事務はニガテな人もいるでしょう。1人で抱えようとせず、「組織内で分担する」「外注する」など、それこそ組織でやりくりすればいいのです。

「マネージャーの仕事は、チームに能力と協力と余力を作ること」

　ある企業の管理職がおっしゃっていたメッセージです。あなたの組織では、能力と協力と余力を作ることができていますか？

少しずつでも風穴は開けられる

　最近では、管理職をなくしたスタートアップ企業も出始めています。フラットなコミュニケーションと意思決定をするうえで、管理職なる職位が邪魔になると考えてのことです。

　とはいえ、いきなり管理職をなくすのがいいとも限りません。統制および組織運営上、管理職がないと機能しない組織のほうがまだまだ多勢でしょう。そんな組織でも、打てる手はあります。

階層を減らす

⇒ 「シニア○○」「○○補佐」「○○代理」「執行役員」

　日に日に増える肩書きと階層。スリム化し、レポートラインを整え始めた企業もあります。階層の数だけ報告や差し戻し、および"仕事した感"を味わうための「仕事ごっこ」が増えますから（例：「部長代理らしいコメント

第 12 話　女王アリと働きアリ

を残して、1回は差し戻すのが礼儀」)。スリムにしましょう。

業務プロセスを見直し、権限委譲をする

⇒ ムダな紙資料、ハンコを伴う手続きをなくす。
　報告やレビューの数を減らす。
　職位の役割を明確にし、権限委譲する。

　それだけでも、意思決定のスピードが速くなります。

「さん付け」呼称にする

⇒ 日頃役職付けで呼ばれていると、偉くなった気分になり、やがて態度に現れてしまうことも。コミュニケーションの壁も生まれやすくなります。その組織においてトップダウンの統制をどれだけ利かせる必要があるかにもよりますが、役職呼称をやめることも考えてみてください。
　ちなみに、「さん付け」のほうがグローバル環境での仕事もしやすいです。英語を使うビジネスパーソンは、日本人を "-san" で呼びます（例：Amane-san）。

経営や管理職と現場が触れ合う場やきっかけを増やす

⇒ 強制参加のイベントはこれまた「仕事ごっこ」になりがちですが、ちょっとした勉強会や読書会、あるいは食堂をリニューアルして休憩がてら雑談しやすい空間にするなど、仕掛けの工夫でもコミュニケーションのきっかけを作ることができます。

社長室、部長室をなくし、社長や部長も大部屋で仕事する

⇒ 役職者専用の執務室を捨ててみるのも一考。ただし、上位者がいると社員が無駄に萎縮する場合もあるので……うまくやりましょう。

115

管理職が部下に相談、報告をする

⇒「管理職とは部下の報告を待つものだ」
　「報・連・相しにこない、部下が悪い」

　この発想が、もう「管理職ごっこ」です。管理職のミッションは、チームをゴールに導くこと。そのためなら、管理職のあなたから部下に相談するなり、報告するなりしてもいいはず（そのほうが、部下も管理職に話しかけやすくなります）。

職位や社内外関係なく当事者間で一斉に情報共有する

⇒社長➡役員➡本部長➡部長➡課長➡課長代理➡社員➡派遣社員／協力会社

　この伝言ゲームは、情報共有のスピードと精度を著しく落とします。また、情報が与えられる／与えられないの不均衡も発生しがちです。さらには「情報がほしければ、オレのところに来い」のような「管理職ごっこ」も生まれがちです。
　イントラネット、あるいはグループウェアや Teams、Slack、LINE WORKS などのチャットツールなどを活用し、業務上関係のある人たちのグループを作って、情報を一斉共有できるようにしてみてはいかがでしょう？

　このように、いまの組織構造を保ちながら、ゆるく風穴を開け始めた組織もあります。

「苦労して出世し、いまのポジションを手に入れたんだ。キミたちも、偉くなりたければ理不尽に耐えろ」

　その気持ちはわからないでもないですが、あなたの自己満足でしかないかもしれません。過去に味わった理不尽な苦労を、ほかの人にはさせない。「徳ドリブン」で、組織を健全に育てていきましょう。

第 12 話　女王アリと働きアリ

　ボロボロになったアリの王国。何匹かのアリは、自らのいしでその場をにげだし、いちめいをとりとめました。やがて、自分たちのチカラで国を作ることにしました。

　新しくむかえた女王は、すべての働きアリにやさしく、外から新しく入ったアリを見つけてはあいさつをしています。まいにち巣の中を歩きまわり、働きアリのそうだんにのったり、たまにいっしょにお茶をのみながら、ゆめをかたりあっています。

「海のむこうのアリの国を、いっしょに見に行きませんか？」
「新しい巣のつくりかたに、チャレンジしてみたいんです」
「ぼくは、食べ物の正しいえらびかたを教えられる、そんなアリになりたい！」

　働きアリたちの小さなひとみが、キラリとかがやきます。

おわりに

「仕事ごっこ」を優しく滅ぼす。それは次の世代への愛

「チャレンジしたい村人たちと、昔ながらのやり方を変えたくない村人たち」

　私が行く先々（すでに200を超える企業／官公庁／自治体の現場を見てきました）、そんな光景を見るにつけ、「そろそろナントカしたい。いや、そろそろナントカしないと本気でヤバい！」なる危機感をおぼえ、今回筆を執りました。

　ちょうどこの「おわりに」を綴っているタイミングで、トヨタの社長が「終身雇用を続けられるかわからない」発言をして、世の中を騒がせました。「終身雇用熱望型の職員お断り」を標榜する市役所も出始めています。旧来日本型の終身雇用、いままでのやり方を続けていれば一生安泰に生活できる時代は終わろうとしています。

　そんな時代において、旧態依然の仕事のやり方や慣習は、個人と組織のリスクです。自身の能力向上や、新たなチャレンジの足をひっぱるだけ。そうして、新しいやり方に対応できなくなると、やがて雇用延長もされなければ、他の組織でも採用されない残念な人になってしまいます。さらには、残念な人を量産する組織からは、優秀な人、やる気のある人が遠ざかります。すなわち、組織も人もどんどん残念になっていくのです。

　一方、成長を続けている企業はアップデートを続けています。

　古いやり方を改める、なくす。
　あるいは、はじめから無駄な仕事や慣習がない。

　そうして、自社の目指す方向やポリシーに共感しあう相手とスピーディにつながり、果敢に新たなチャレンジをしています。「コラボレーション」がスピーディにおこなわれる組織には、チャレンジしたい優秀な人が集まり、

そこで働く個人も組織も正しく成長します。きわめて、ヘルシー！

　本書では「コラボレーション」を邪魔するもの＝「仕事ごっこ」と名づけ、
童話と解説で斬っていきました。

・取引先とのコラボレーション
・競合他社とのコラボレーション
・フリーランスとのコラボレーション
・顧客とのコラボレーション
・社内の他部署とのコラボレーション
・入社候補者とのコラボレーション
・地域社会とのコラボレーション
・海外の人たちとのコラボレーション

　取引から協創（コラボレーション）へ。これからの時代、いかに優秀な相
手とコラボレーションできるかが組織の生命線です。

「組織の外と内、それぞれのパートナーとすばやくつながって、すばやく
チャレンジして、すばやく価値を出す」

　これができるヘルシーな組織と、そうでないアンヘルシーな組織の格差
は、ますます広がるでしょう。しかしながら、まわりを見回してみると、コ
ラボレーションを邪魔する慣習やしきたりはまだまだ多い。たとえば、いま
だに「フリーランスとの取引一切NG」を謳う会社もあります。生産などの
基幹業務を委託するならさておき、デザインやクリエイティブの制作、エン
ジニアリングや講演などの委託まで、生産と同様の考えで「フリーランスは
一切NG」。この過剰なリスク管理はいかがなものでしょうか？　特殊能力

をフリーランスが有しているケースも多々あります。これらの人とのコラボレーションができないのは、ひかえめに言って「機会損失」です。

　苦肉の策で、フリーランスとの間に中間会社を挟む場合もありますが、この中間会社が厄介。「余計な忖度」からの「余計な仕事」を増やす。報告業務、説明資料作成業務など。無駄なマージンも載れば、スピードも遅くなる。いわば、「仕事ごっこ」が「仕事ごっこ」を生むのです。

　事務手続きがやたら多い、あるいは煩雑な組織も考え物です。私は、第三者機関が企業／自治体／官公庁／教育機関などに「事務手続き煩雑さ格付け」をおこない、公表を義務づけてもいいとさえ思っています。ビジネス誌でランキングを公表すれば、事務手続きが煩雑な組織に自浄作用を促すことができますし、ヘルシーに成長したい取引先や個人が正しく遠ざかることもできます。

　また、いまだに体育会系の気合・根性主義が支配的な職場も目立ちます。

・打ち合わせは対面以外は認めない
・いついかなるときも、スーツ＆ネクタイ姿が常識
・体調不良による休暇連絡は、電話で連絡するのが常識
・上長の機嫌を伺って、心地いいやり方で報連相するのが部下の責任
・ハンコの押し方云々

　挙げればキリがない。旧態依然の気合・根性主義が生んだ「仕事ごっこ」がスピーディなコラボレーションや活躍を邪魔している事実は否めません。それらが経営者世代、ベテラン世代にとって心地いいのはわかります。

「オレたちも、その理不尽に耐えたのだから。お前たちも耐えろ」

　その気持ちもよくわかります。しかし、こうした「仕事ごっこ」が、ビジネスのスピード感や生産性、ひいては個人の成長機会や人生さえも左右しすぎる。ひかえめに言って、マネジメントとして幼稚すぎやしないでしょう

か？ 学生時代の体育会系のノリを、ビジネスに過剰に持ち込んでいるアンヘルシーな現状。そろそろ改めなければならない時です。

このような話をすると、たとえば「雑談も無駄ではないか？ それこそ仕事ごっこだよね？」と指摘されることもあります。私はそうは思いません。上司と部下、チームメンバー同士、お互いを知るための時間や空間。アイディアを出し合うきっかけ、新たな着想を得るための教育や余暇。これらは、コラボレーションのための大事な「余白」です。こうした余白はむしろどんどん創出していただきたい。余白のない職場は、たちまちギスギスします。

コラボレーションやコミュニケーションを活性化させるための余白や遊びの発想は、大いに取り入れていってほしいです（この本も、「童話」なる遊びの要素を入れてみました）。イノベーションは、いままでのやり方の延長線上にはありません。前例なきところに、新しい未来が生まれるのです。古き「仕事ごっこ」をなくし、新しきにどんどんチャレンジしましょう。

「仕事なんだから、理不尽に耐えて当然」

その同調圧力は、だれも幸せにしません。終身雇用が崩れつつある時代、コラボレーションが組織の生命線になりつつある時代、「仕事ごっこ」の強要は、共倒れになるリスクでしかないでしょう。

どんな仕事や慣習も、生まれた当初は合理性がありました。しかしながら、時代や環境の変化、さらにはテクノロジーの進化で、いつのまにか私たちや受け手の足を引っ張る、厄介な"妖怪"に化けてしまう。古い仕事や慣習に最大の敬意を表しつつ、そろそろ優しく滅ぼしていく。そんな徳が必要なのではないでしょうか？

経営者、部門長、中間管理職、ベテランのみなさまへ
過去のプライドは大切にしつつ、それをなくす徳を持つ。

「過去のプライドを捨てる勇気」

「既得権益を捨てる徳」

それこそが、部下や社外のパートナーの人たち、さらには次の世代への優しさであり、徳です。彼ら／彼女たちを時代遅れにさせない。それが組織の社会的責任でもあり、何よりの「愛」です。徳と愛をもってして、「仕事ごっこ」を卒業しましょう。そして、若手からのリスペクトを健全に勝ち取ってください。

中堅、若手のみなさまへ

自分の成長に貪欲に。健全な成長欲求と、健全な問題意識を持って「仕事ごっこ」を指摘し、なくしていってください。

とはいえ、自分1人が尖って進言するのは勇気がいりますよね。ぜひ、仲間（ファン）を見つけてください。社内でも社外でもかまいません。みなで同じ景色を見て、変化の行動につなげていってください。それができる人は、まちがいなく人としての価値も高まります。

それぞれの立場で、それぞれが変わっていかなければ、働き方の問題はポジティブに解決しません。経営者、部門長、中間管理職、ベテラン、中堅、若手……異なる立場の人が、同じ景色を見て、「仕事ごっこ」をともに認識し、優しくなくしていく。そのために、本書は生まれました。職場で楽しく読んで、行動につなげていただけたらうれしいです。

近い将来、この本の内容が「むかし話」になっていることを願って……
STOP #仕事ごっこ , and make ourselves healthy!

　　　　　2019年5月　新緑の風さわやかな秋葉ダム（静岡県）にて
　　　　　沢渡あまね

ハンバーガーショップの運営を例に、業務を設計するための観点を **集大成！**

「RPAを導入！」…した後の**「抜け漏れ」「想定外の変更」**で苦労しないために

沢渡あまね

Operation / System
Life Cycle Management
Communication Design
Operations Management
Value Improvement
Brand Management

業務デザインの発想法

「仕組み」と「仕掛け」で最高のオペレーションを創る

技術評論社

累計20万部突破・問題地図シリーズ著者のノウハウ満載

ハンバーガーショップの運営を例に観点山盛り

「存在が知られていない、利用されない」
「立ち上げただけ、誰得？　現場も利用者もてんやわんや」
「運用でカバー、って……どうにもなりません！」

いつも気合と根性依存。その場しのぎの悲しい業務はもうおしまい！

業務デザインの発想法
A5判／336ページ／本体2,280円+税
ISBN 978-4-297-10436-8

累計 **23**万部

問題地図シリーズラインナップ

職場の問題地図
四六判／224ページ／本体1,480円+税
ISBN 978-4-7741-8368-8

仕事の問題地図
四六判／240ページ／本体1,480円+税
ISBN 978-4-7741-8774-7

職場の問題かるた
四六判／144ページ／本体2,480円+税
ISBN 978-4-7741-9193-5

働き方の問題地図
四六判／240ページ／本体1,480円+税
ISBN 978-4-7741-9427-1

システムの問題地図
四六判／272ページ／本体1,680円+税
ISBN 978-4-7741-9463-9

感情の問題地図
四六判／176ページ／本体1,380円+税
ISBN 978-4--7741-9789-0

マネージャーの問題地図
四六判／240ページ／本体1,580円+税
ISBN 978-4-7741-9874-3

異文化理解の問題地図
四六判／192ページ／本体1,680円+税
ISBN 978-4-297-10415-3

営業の問題地図
四六判／176ページ／本体1,480円+税
ISBN 978-4-297-10417-7

沢渡あまね（さわたりあまね）

1975年生まれ。あまねキャリア工房代表。株式会社なないろのはな取締役。業務改善・オフィスコミュニケーション改善士。

日産自動車、NTTデータ、大手製薬会社などを経て、2014年秋より現業（経験職種は情報システム、ネットワークソリューション事業部、広報など）。複数の企業で働き方改革、組織活性、インターナルコミュニケーション活性の企画運営支援・講演・執筆などを行う。NTTデータでは、ITサービスマネージャーとして社内外のサービスデスクやヘルプデスクの立ち上げ・運用・改善やビジネスプロセスアウトソーシングも手がける。

著書に『職場の問題地図』『仕事の問題地図』『働き方の問題地図』『システムの問題地図』『マネージャーの問題地図』『職場の問題かるた』『業務デザインの発想法』（技術評論社）、『新人ガールITL使って業務プロセス改善します！』『運用☆ちゃんと学ぶ システム運用の基本』（C&R研究所）などがある。趣味はダムめぐり。

ホームページ	http://amane-career.com/
Twitter	@amane_sawatari
Facebook	https://www.facebook.com/amane.sawatari
メール	info@amane-career.com

装　丁	石間淳
イラスト	白井匠
本文デザイン/DTP	清水真理子（TYPEFACE）
編　集	傳智之

お問い合わせについて

本書に関するご質問は、下記の Web サイトの質問用フォームでお願いいたします。
電話での直接のお問い合わせにはお答えできません。あらかじめご了承ください。
ご質問の際には以下を明記してください。

・**書籍名**
・**該当ページ**
・**返信先（メールアドレス）**

ご質問の際に記載いただいた個人情報は質問の返答以外の目的には使用いたしません。
お送りいただいたご質問には、できる限り迅速にお答えするよう努力しておりますが、
お時間をいただくこともございます。
なお、ご質問は本書に記載されている内容に関するもののみとさせていただきます。

問い合わせ先

〒 162-0846　東京都新宿区市谷左内町 21-13
株式会社技術評論社　書籍編集部
「仕事ごっこ」係
FAX：03-3513-6183
Web：https://gihyo.jp/book/2019/978-4-297-10621-8

仕事ごっこ
～その"あたりまえ"、いまどき必要ですか？

2019年 7月 19日　初版　第1刷発行

著者	沢渡あまね（さわたり あまね）
発行者	片岡巌
発行所	株式会社技術評論社
	東京都新宿区市谷左内町21-13
	電話　03-3513-6150　販売促進部
	03-3513-6166　書籍編集部
印刷・製本	株式会社加藤文明社

定価はカバーに表示してあります。
製品の一部または全部を著作権法の定める範囲を超え、無断で複写、複製、転載、テープ化、ファイルに
落とすことを禁じます。
造本には細心の注意を払っておりますが、万一、乱丁（ページの乱れ）や落丁（ページの抜け）がござい
ましたら、小社販売促進部までお送りください。送料小社負担にてお取り替えいたします。

©2019　沢渡あまね
ISBN978-4-297-10621-8　©0036　Printed in Japan